KB202306

영성서신

사랑의 Pilgrim

흑암 속 하늘길

변형용(마태) 지음

사랑의 Pilgrim : 흑암 속 하늘길

발행일 2025년 5월 30일
발행처 도서출판 사무엘
등록 제972127호 (2020.10.16.)
주소 안양시 동안구 관악대로 282 고려빌딩 3층

변형용 지음

ISBN : 979-11-986697-5-9 (03230)
값 10,000원

영성서신

사랑의 Pilgrim

흑암 속 하늘길

변형용(마태) 지음

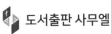 도서출판 사무엘

추천의 글

저자는 사모와 함께 아주 드물게 두 번이나 동시에 암투병을 겪어야 하는 어려움에 부닥쳤습니다. 그러나 이런 고난 속에서도 무너지지 않고 오히려 하나님께 간절하게 나아가 자비를 구하는 중에 흑암 속에서 창조를, 절망적인 상황에서 십자가를 통해 구속 역사를 이루신 하나님을 만나면서 기적적인 치유의 은혜를 덧입었습니다.

저자는 흑암을 성경적으로 각성하여 그 흑암 속에서 역사하시는 하나님과의 만남을 기도, 묵상, 순례, 그리고 성령과 함께하는 영성으로 이어갑니다. 그리하여 그동안 추구해 왔던 사역 중심의 신앙생활을 재조명하고, 하나님을 중심으로 하는 새로운 신앙생활의 여정을 시작하게 되었습니다.

이 책은 젊은 날 사명 중심의 열정적이었던 시절로부터 시작하여 하나님의 심오하심과 그를 알아가는 즐겁고 깊은 영적 생활의 고백이요, 동시에 하나님 안에서 변화해 가면서 성숙해지는 자기 모습을 성찰해 나가는 개인의 진솔한 간증입니다.

Peter Chang(장만석)총장

(미국 버지니아 워싱턴 대학교/ 구약학)

기독교 영성은 이론만으로는 이해할 수도 없고 설명할 수도 없다. 변형용 목사님은 이 책에서 캠퍼스 선교단체 간사 출신으로서 기독교 영성의 깊이를 맛본 분임을 보여준다. 자신의 영적 경험을 바탕으로 영성이 얼마나 중요한 것인지 설득력 있게 잘 가르쳐준다.

먼저, 이 책은 기도를 가르쳐준다. 저자는 기독교 전통에 나오는 다양한 기도를 직접 경험해보고 "영성 기도의 길"로 정리해서 제시함으로써 후배들을 깊은 영성의 길로 안내하고 있다.

다음으로, 이 책은 순례의 영성을 가르쳐준다. 저자는 산티아고 순례, 대한민국 남도 순례, 이세종의 영성 순례, 그리고 손양원의 영성 순례 등을 직접 경험했다. 최근에 사막의 순례를 앞두고는 코로나 팬데믹 한가운데 예기치 않게 항암의 여정에 들어서게 되었다. 그러나 저자는 항암의 여정이 곧 사막 순례를 충분히 대체하고도 남음이 있음을 깨달았다. 이 책은 항암의 여정도 영적 여정이 될 수 있다는 것을 보여준다. 마지막으로, 이 책은 깊은 영적 통찰을 담고 있다. 성경적 어두움과 성경적 빛에 대한 저자의 통찰은 영적 조명의 경험이라고 할 수 있다.

캠퍼스 선교단체 간사의 삶은 힘겨운 영적 전투이다. 캠퍼스 선교의 역전 노장인 저자는 그 영적 전투를 영성의 빛 가운데 성찰하면서 제자 훈련의 한계와 본질을 잘 그리고 있다. 저자의 시와 찬양은 성령 충만함에서 나오는 승리의 고백이고 선언이다.

이강학 교수
(햇불 트리니티 신학대학원 대학교, 기독교 영성학)

이 책은 평생 대학 선교에 헌신하고 지역교회를 섬긴 목자의 신앙 여정을 담은 '순례자의 영성서신'이다. 엠마오로 가던 제자들이 예수와 대화하며 마음이 뜨거워졌고 예루살렘으로 돌아가 친구들에게 예수와의 만남을 전했던 것처럼 저자는 척박한 선교 활동과 긴 항암 과정에서 만난 예수를 진솔한 시의 언어로 독자들에게 전한다.

저자는 성전 신학에 근거해 삼위일체 하나님으로 향하는 순례의 단계를 소개하고 십자가 신학에 근거해 고난의 주님을 바라보게 한다.

저자는 사역의 고난과 인생의 역경 가운데서도 위에 계신 하나님, 십자가 위에 달리신 예수를 바라봄으로 기도하고 찬송하는 은혜를 수없이 경험했다. 이런 경험을 통해 얻은 순례자의 은혜를 체계화함으로써 독자들에게 어떻게 기도하고 무엇을 찬송해야 하는지 소개한다. 나를 향하고 속에서 나오는 욕망의 소리에 귀를 기울이는 시대에 이 책은 삼위일체 하나님을 향하고 하나님의 말씀에 귀를 기울일 수 있는 구체적인 방법을 전하는 안내서다.

특별히 캄캄한 터널을 지나온 저자의 고백을 담은 이 책은 광야와 같은 인생길을 걸어가는 이들에게 삼위일체 하나님의 경험된 말씀을 들려줄 것이다.

강대훈 교수
(총신대학교 신학대학원/ 신약학)

들어가며

안녕하세요.
이 영성서신을 받아 주신 따뜻한 마음에 감사드립니다.

한동안 이 '영성서신'을 집필하지 않으려고 버티었습니다. 모두가 기대하는 만큼 그런 영성 생활할 자신감이 없었기 때문입니다.

그러던 중 어느 때부터인가, 기도할 때마다 거룩한 부담감이 가슴을 짓눌렀습니다(2023.10). 그때마다 이런 음성이 들리는 듯하였습니다. "부족해도 괜찮아. 망가지면 어떠냐. 너 안에 내가 있잖니."

그 후부터는 무엇에 홀린 듯 쓰기 시작했습니다. 어디에 있든지 무엇을 하든지 구애받지 않았습니다. 주님께 빚진 자의 심정으로 이 '영성서신'을 기록했습니다.

누구나 읽을 수 있도록 편지글로 썼습니다. '영성서신'이라고 했지만, 대단한 영성 체험을 담은 것도 아닙니다.

그저 삶의 현장, 사역과 목회 현장에서 쓴 삶의 영성이요, 서신입니다.

이 영성서신은 제 인생의 세 가지 질문에서 출발하였습니다. 첫째는, 고난에 관한 질문으로, 어찌하여 항암 투병을 부부가 동시에 두 번이나 하게 되었는가?

둘째는, 사역 목회적 질문으로, 왜 젊은 날 헌신적으로 사역하던 분들의 신앙과 삶이 쉰을 넘어가면 사표로 잘 보이지 않는가?

셋째는, 신학적 질문으로, 태초 이전 하나님의 모습은 어떠하며, 본질의 본질은 무엇일까?

이 세 가지 질문에 대한 해답을 찾고자 성경을 톺아보며 탐색한 영성순례입니다.

제 영성 생활신조입니다.
"기도하라"
"사역하라"
"탐색하라"

영성 생활에는 늦을 때가 없습니다. 깨달은 그때가 가장 빠른 때입니다. 또 영성에는 완성도 없습니다. 끊임없이 자라가야 함을 배웠습니다. 주님께 이르도록(엡 4:15).

청년 대학생 사역의 평생 동반자로 항암 순례까지 함께하며 영성서신에 큰 영감을 주었을 뿐만 아니라 교정까지 해 준 아내의 기도와 수고가 없었다면 이 '사랑의 필그림'

들어가며

책자는 나올 수 없었음을 밝힙니다.

출간을 앞두고 영성서신을 다시 곱씹어 읽어봅니다. 하늘 문, 하늘길에 사랑의 Pilgrim이 펼쳐지네요.

부부 항암 투병 중에 원근 각처에서 응원해 주신 기도와 사랑의 치료 후원을 잊지 못합니다.

이런 기도가 속에서 나옵니다.

서신을 읽는 한 분 한 분을 영적 동반자로 허락해 주소서.

사랑의 Pilgrim 순례길 동행하는 동반자로

2025년 5월 30일

관악산 기슭

오두막에서

변형용(마태)

목차

추천의 글   5

들어가며   8

1信~6信, 항암 순례   15

 1信, 노후의 꿈   16

 2信, 꿈은 무너지고   19

 3信, 드디어 살아나다 21

 4信, 놀라운 발견   25

 5信, 항암 투병 중 쓴 시 28

 6信, 항암 순례 중 쓴 시 31

7信~10信, 영성 탐구   35

 7信, Doing 포물선   36

 8信, Being 포물선   40

 9信, 개혁, 계승, 개척   43

 10信 1, 새 성경 교재 발간 49

 10信 2, 하늘 문, 하늘길 54

11信~16信, 영성기도 길트기   59

11信 1, 십자가路   60

11信 2, 십자가路 기도   63

12信, '안으로'의 기도   70

13信, '위로 향하는' 기도   82

14信, 침묵 기도   88

15信, 하늘 문을 여는 기도   94

16信, 나의 신앙 성찰, 영성 주소   99

17信~19信, 순례 여행   107

17信, 산티아고 순례   108

18信, 남도 영성 순례   115

19信, 사막 영성 순례   122

20信~21信, 영성 각성   125

20信 1, 어두움 각성   126

20信 2 빛, 성경적 탐구   133

21信 1, 성령의 영감   138

21信 2, 성령의 이름 I   140

21信 3, 성령의 이름 II   146

22信, 사랑의 Pilgrim   155

    22信 1. 큰 질문   156

    22信 2. 사랑의 Pilgrim   158

    22信 3. 사랑 탐색   163

    22信 4. 끝없는 긍휼의 사랑   169

    22信 5. 사귐(communion)   181

    22信 6. '영광의 사랑'을 향하여   189

기도 실습편   197

참고한 책   213

I信~6信

항암 순례

1信

노후의 꿈

종심(從心)이라.

70이면 "종심소욕불유구(從心所慾不踰矩)"라고 공자가
말했다지요. 즉 "마음이 끌리는 대로 해도 결코 일정한
법도를 이탈하지 않는다." 이런 뜻이라 합니다.

막상 칠순을 넘기며 저 자신을 성찰해 보았습니다. 종
심(從心)은커녕 현실은 그렇지 못했습니다. 이기적 자기
굴레와 세속적 욕망의 늪, 조직과 소속의 틀 속에서 파닥
거리는 새. 이것이 제 모습이었습니다. 앞으로 어떻게 살
아야 아름다운 노후가 될까 덜컥 겁이 났습니다.

아름다운 노후 문제는 제 평생 소망이기도 하였습니다.
대학생 때부터 캠퍼스 선교에 전념했습니다. 오십 대
후반 늦은 나이에 새 선교단체와 서울 중심부에서 지역교
회까지 개척을 시작했습니다. 제 평생을 캠퍼스 사역에만

16

몰두한 삶이었습니다. 늘 작은 "텃밭, 텃밭" 노래하며 스스로 달랬습니다. 환갑 후 두 딸 모두 결혼시키고 나자, 인생 숙제를 끝낸 것처럼 홀가분했습니다. 한편으론 마음이 허전하여 견딜 수 없었습니다. 도심 생활이 너무 답답하여 막연히 전원생활을 동경했었습니다. 이따금 서울 근교 이곳저곳 찾아보곤 하였습니다. 어찌나 비싸던지 엄두조차 낼 수 없었습니다.

이러던 중에 둘째 사돈네 상견례 자리였습니다. 서울 인근에 조그마한 땅이 있는데 관리를 못 해서 방치하고 있다는 것입니다. 그때부터 관리자로, 주 초반 3일은 양평 서종에서 전원생활을, 주 후반 4일은 서울에서 목회와 캠퍼스 선교사역을 동시에 해 오던 터였습니다. 그때 공교롭게도 우리 부부가 동시에 1차 암이 발견되어 관리해야 했습니다. 3일은 양평, 4일은 서울, 이런 생활 방식이 선교회에서나 교회에서도 수용되었습니다. 저희 부부 건강관리를 위해서 함께 하는 신앙 제자 동료들이 옆에서 많이 도와주었습니다.

아름다운 정원, 북한강이 내려다보이는 쉼터, 작은 텃밭을 가꾸며 쉼과 영성 생활로 노후의 꿈이 이루어졌습니다. 이런 저희 부부의 삶이 때론 동료 목회자나 친구들의 부러움이 되기도 하였습니다. 칠순이 되자 부부 자유여행으로 산티아고 순례도 다녀올 만큼 건강도 좋아졌습니다. 서울대 선교단체 간사협의회에선 저를 평생 고문으로 추대했습니다. 제가 소속된 선교단체에서나 교회에서도 우리 부부는 캠퍼스 선교사로 추대되었습니다.

 이처럼 우리 부부의 노후 삶이 늘 바라던 대로 아름다운 전성기로 접어든 것 같았습니다. 한편으론 호사다마라 칠순 이후의 삶이 어떻게 될지 약간 불안하기도 하였습니다.

2信

꿈은 무너지고

코로나 팬데믹으로 모두 힘들어하던 시기, 그 와중에 우리 부부는 동시에 재차 다른 암 진단을 받았습니다 (2021.12). 10년 만에 둘 다 동시에 암이 발견된 것입니다. 여차하여 둘 중 한 명이라도 코로나에 걸리면 제때 치료를 받을 수 없었습니다. 그러다 죽게 되면 가족조차 장례식에 참석할 수 없는 상황이었습니다.

절박한 시기요 다급한 상황에 생사가 걸린 문제였습니다. 막다른 골목에 몰린 상황이었습니다. 항암치료 중 미국에 사는 첫째네까지 다 불러 모아 온 가족이 모여 유언 겸 이어 줄 유업을 앞에 놓고 예배드렸습니다(2022.1). 우리 부부가 죽더라도 자녀들과 손주들에게 신앙만큼은 확실하게 해 두고 싶은 유언식이기도 하였습니다(참조. 22-6信).

참으로 긴 겨울이 제 인생에 시작되었습니다.

　저는 10년 전 위암 조기 발견으로 치료받아 완치되었습니다. 이번에는 비장 속 혹 제거 수술을 하다가 그 주변에 있는 림프에 암이 발견되어 대수술하게 되었습니다. 거의 동시에 아내는 유방암이 겨드랑까지 퍼졌고, 이미 관리받고 있던 혈소판 증가증이 수년 전 골수 섬유화로 진행되어 혈액암을 관리 중이었습니다.

　어찌 이런 몹쓸 것들이 우리 부부에게 동시에 덮친단 말인가. 그것도 두 번씩이나 동시에 말이다. 우리 부부의 잘못된 생활 습관을 찾다가 하나님께 대한 섭섭함도 생겼습니다. '전원생활까지 하면서 건강관리, 노후 관리에 힘쓰더니만 꼴 좋다.' 하는 마음의 비웃음 소리도 들렸습니다. 욥의 네 친구의 조언이 나를 고소하는 것 같아 혼란스러웠습니다.

3信

드디어 살아나다

입원하여 병상에서 신음하고 있던 때였습니다.
이사야 41:10 말씀이 저에게 부딪혀왔습니다.

"두려워하지 말라 내가 너와 함께함이라…"

그렇지, 주님께서 병상의 우리와도 함께 하시지. 이런
생각이 들자, 출구가 조금씩 보였습니다.

"…놀라지 말라 나는 네 하나님이 됨이라 내가 너
를 굳세게 하리라 참으로 너를 도와 주리라 참으로 나
의 의로운 오른손으로 너를 붙들리라."

항암 투병 중에는 낫고자 하는 심정으로 지푸라기라도
잡고 싶습니다. 고통 중에 서서히 이 말씀에 사로잡혀가자
기도할 수 있게 되었습니다. 불현듯 히스기야의 15년이
떠올랐습니다. 죽을병 나아서 더 오래 산 것이 오히려 그
인생과 나라엔 치욕이었습니다. "그렇다. 치유보다는 순례

로 방향을 잡자." 투병 목적을 항암 순례로 잡고 기도하기 시작했습니다. 우리 인생에 언제 이렇게 죽음과 맞닿아 보겠는가. 죽음과의 경계선에서 주님을 만나보자. 그러자 어두움과 죽음의 세력이 짓누르는 칠흑 같은 밤하늘, 그 바늘구멍 같은 틈에서 생명의 빛이 제 마음에 비췄습니다. 병상 침대에서 신음하고 있는 제게 주님의 임재가 어렴풋이 느껴졌습니다. 시편 기자가 고백했듯, 제 병상 침상을 붙들며 기도하시는 주님의 기도가 들리는 듯했습니다.

"여호와여 그를 병상에서 붙드시고 그가 누워 있을 때마다 그의 병을 고쳐 주시나이다" (시 41:3).

서서히 두려움과 놀라움의 안개가 제 마음에서 걷히기 시작했습니다.

항암 중 하루에도 여러 번 죽을 맛, 그 고통은 여전했지만, 기도는 할 수 있었습니다. 때로 기도할 힘조차 없을 때는 그동안 찬송을 기도길로 만들어놓은 영성 기도 길트기인 '영혼의 오솔길'을 들으며 기도했습니다. 이렇게까지 몸부림치니 투병 중 주님과 더 밀착된 기도를 드릴 수 있었습니다. 여기 계신 주님, 동행하시며 체휼하시는 주님, 그분의 눈을 응시할 수 있었습니다. 때론 주님의 눈에 비친 내 모습도 상상하며 찬송을 읊조리며 기도했습니다.

"생명 주께 있네. 주 안에 있네."

"나의 생명 되신 주, 주님 앞에 나아갑니다. 주의 사랑의 줄로써 나를 굳게 잡아매소서!"

고통은 여전했지만 두렵지는 않았습니다. 그 깊은 고통 속에서도 주님이 계셨기 때문입니다. 어두운 밤에도 불면 증에 시달리거나 놀랍지도 않았습니다. 내 영혼을 주님께 맡기고 그의 품에 안겨 깊은 잠을 잘 수 있었기 때문입니다.

부부 항암 투병 8개월이 지나자, 제 몸에 부착된 등창 피고름 주머니랑 몸속 작은 파이프까지 제거되었습니다 (2022.8). 한쪽으로 오그리고 자던 데서 자유롭게 되었고 머리카락도 나기 시작했습니다. 약 복용 없이 관리 관찰 단계로 접어들었습니다.

3개의 암으로 치료받던 아내도 항암치료 후 대수술과 방사선 치료를 다 끝냈습니다. 지금은 약을 먹으며 정기 검진으로 관리 중입니다.

함께 암 투병하던 몇 분들이 제때 치료받지 못해 안타 까운 죽음을 맞았다는 소식을 듣기도 했습니다. 그 아픔과 외로움이 고스란히 전해져 왔습니다. 삶과 죽음이 종이 한 장 같았습니다. 항암치료 기간 내내 저희 부부 모두 코로 나에 한 번도 걸리지 않았습니다. 제때제때 치료받을 수 있었던 것만도 놀라운 일입니다. 게다가 둘 다 동시에 회 복된 건 놀라운 기적이요, 하나님의 은혜입니다.

하지만 몸과 체력이 회복되기엔 그 후유증이 오래갔습 니다. 아내는 아직도 손끝과 발바닥 고통을 호소합니다. 신체적인 불편함은 여전히 남아 있지만 하루하루 생명 주심에 감사하며 삽니다.

"관리는 암 환자로,"

"생활은 정상인으로,"

"신앙은 순례자로."

이런 생활 3원칙이 부부의 삶의 패턴이 되었습니다.

4信

놀라운 발견

항암 투병을 거의 마치고 우리 부부가 만든 '노후 관리' 도표를 점검해 보았습니다(도표 사진, p. 27). 한 가지 새로운 사실을 발견했습니다.

이 노후 관리 도표는 칠순 후 균형 잡힌 삶을 위해 제가 만든 도표입니다(2020년). '부부 건강'이 제일 윗자리를 차지했습니다. 시계 역방향으로 '재정', '가족', '나눔', '배움', '우정', '사역', '영성' 항목으로 이어졌습니다. 건강 관리를 최우선으로 한 은퇴 후의 삶을 대비한 모형입니다.

우리 부부 1차 치료가 끝난 후였습니다(항암 순례 10개월 후, 2022.9). 노후 관리 도표를 점검하다가 다른 항목은 줄어들었으나 '영성 항목' 그래프만큼은 움직이지 않고 있는 것을 알았습니다. 영성 항목이 견고하게 있자, 제 삶의 원동력이 영성이었음을 발견했습니다. 그래서 도표를 살짝 틀어서 '영성' 항목을 정중앙 맨 위로 놓았습니다(참조. p. 27 그림 도표). 영성의 힘이 버티어지자, 투병 중 생생한 체험기를 쓸 수 있었습니다. 실시간으로 영적 지인들에게 나눌 용기가 솟구쳤습니다. 그러자 엄청난 기도와 격려가 주변에서 시작하여 원근 각처, 선교지 동역자들로부터 쓰나미처럼 밀려왔습니다. 중보기도와 사랑의 힘으로 죽음의 세력과 맞서 싸울 영적 전투력이 생겼습니다. 감사 영성 일기에 이어 시가 나오고 찬송이 터졌습니다.

제 영성의 세계가 더 깊어지고 점점 위로 뻗어갔습니다. 성령님의 임재와 동행, 그리고 영적 각성에까지 이르게 되었습니다. 주님의 더 깊은 세계, 더 높은 세계를 경험하게 되었습니다.

이런 영성의 힘이 도표의 모든 항목을 끌어 올렸습니다. 노후 관리 도표가 고무풍선처럼 부풀어 올라갔습니다. 맨 나중엔 '부부 건강' 항목도 조금씩 조금씩 올라갔습니다.

주님께 감사와 찬양이 터졌습니다.
"할렐루야!"

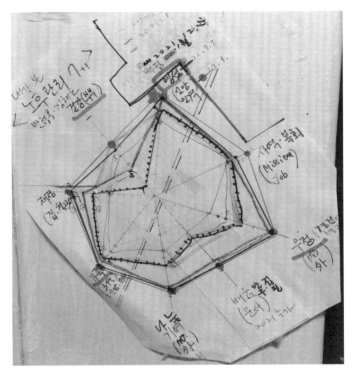

<노후 균형 잡힌 삶 관리 도표>

변형용

5信

항암 투병 중 쓴 시

(2022. 설날)

탈모

방안 구석구석
온 집안 여기저기
털 털 털

머리 감다 말고
양손 벌려보니
머리털 한가득
부부 탈모라
하수구 막힐 지경

5信, 항암 투병 중 쓴 시

아쉽지만
머리 밀고 오니
늦깎이 중고생
아내 박장대소
노스님 오신다
쉼터가 암자되었네

나도 한 마디
암자라니
삭발 수도원
세상 근심 걱정
다 날려 보낸
정갈한 쉼터

마음이 정결한 자
복이 있다지요
이참에
세상 근심
다 털어내고
싹 비워보자고요.

이 시에 대한 격려의 글 중 일부입니다.

Hhhhh: "진짜 스님 같은데… 그래도 상대적으로 건강
한 모습으로 보여서 안심이 되네… 계속 기도하네… 너무
들 고생하시는데 빨리 치료가 끝나길 바라네…"

선교사 P: "암 투병 중 쓰시는 시를 보니 아름다운 영성이 더욱 귀히 여겨집니다. 예수님의 부활 생명이 목사님 가운데 충만하소서!"

선교사 K: "May God bless you and Samonim with good healing and be completely well, again. Amen!"

선교사 L: "힘든 항암치료 가운데서도 마음속에 근심이 가득 찬 것이 아닌 평화가 임하시는 것에 감동했습니다. 이 힘든 시기 하나님과 함께 이겨내실 것을 믿습니다."

간사 L: "아멘. 아멘! 그 깊은 어려움 속에서도 유머와 사랑 넘치는 믿음으로 하나님 나라를 누리시는 모습에 감동과 은혜를 받고 응원의 박수를 보냅니다."

K 목사님: "삭발 수도원이 좋네. 삼손이 머리카락 밀리고 다시 자라서 새 힘을 얻은 것처럼 머리카락이 다시 자랄 때 하나님이 새로운 사람이 되게 하시고 새 힘을 주실 것을 믿습니다. 아멘!"

6信

항암 순례 중 쓴 시

(2022.3.23.)

覺醒(각성)

칠순 기념
산티아고 부부 자유여행 후
사막 영성 순례길 준비하던 중
부부 동시 암 발견
어찌 이럴 수가
시한부 죽음
두려움 황당함
덮쳐오네

둘 다
병상에서 신음할 때

6信, 항암 순례 중 쓴 시

명의 중 명의
생명의 주님
너흴 붙들고 계신데
무엇이 두려우냐
위로의 음성 듣고
치유보다는
주님과 동행하며
부서진 마음으로
성경 톺아보았네

고난은
피할 것 아니라
응시하고 견디면
연단의 용광로
어두움은
빛의 반대도
부재도 아니지
참 빛
깨닫지 못한 것일 뿐
빛의 不識
아하
어두움은
빛의 불식이구나

십자가 절규에도
침묵으로 일관

32

어둠 밑바닥
흐르다 솟구친
자비의 온천수
어두움 속에서
큰 구원 성취하신
놀라운 생명의 비밀
어두움 품으면
빛 생명 탄생하리

고난과 어둠
어딘들 없으랴
이제 고난이
고난 아니고
어둠이
어둠 아니네
그 속엔
생명의 빛
구원의 사랑
자비의 온천수
흐르고 있으니

이 어둠 속에서
울려 나오는 노래
긍휼의 멜로디에
감사와 찬양으로
화답하네

낮고자 매달리면
암 환자
함께 아파하시는
주님 느끼면
거룩한 순례자
주님 십자가
고난에 참여하는
천국 순례자

사막 순례길 따로 있나
그곳이 여기인 것을
그 피로 뚫린 천국 순례길

*톺아보다 : 틈이 있는 곳마다 모조리 뒤지며 찾는다.

34

7信~10信

영성 탐구

7信

Doing 포물선

"솔직히 말해 목사님 안에 예수님이 안 느껴집니다. 믿음의 추진력은 대단하신데요."

아끼는 한 제자로부터 선교공동체 개혁운동 때 들었던 말입니다. 큰 충격을 받았습니다. 제 영적 민낯이 드러났기 때문입니다. 주님이 보신다면 오죽할까, 부끄러웠습니다.

그 몇 해 전, 한 그래프에 눈길이 쏠렸습니다. 사역이 아닌 신앙 인격에 처음으로 관심을 두게 된 귀중한 자료였습니다. '솔로몬의 영성 그래프'(p. 39). 그때가 40대 중반(1995)이었습니다.

그 당시 제가 책임 맡은 지구는 넓은 선교센터 부지 빚갈이를 거의 끝낸 후였습니다. 어려운 고비를 넘긴 뒤라 사역은 성장 궤도를 탔습니다. 전성기를 맞았습니다. 하지

36

만 공허와 미래의 불안이 속에서 피어올랐습니다. 점점 매너리즘에 빠져가는 제 모습이 보였습니다. 그동안 존경하며 좇아왔던 신앙공동체 선배 목사님들이셨는데, 기대가 충족되지 않는 안타까움에 맥이 빠졌습니다. 영적 멘토를 잃어버린 것입니다.

'영성 그래프'를 살펴보니 선배 목사님들의 신앙과 인생 흐름이 어렴풋이 보였습니다. 그분들에 대한 궁금한 의문점이 하나씩 풀리기 시작했습니다. 한편, 현재 내 모습과 미래 모습도 보였습니다. 이런 현상은 개인의 성향이나 우리 신앙공동체만의 문제가 아니었습니다. 그래프를 좀 더 자세히 들여다보니 근본적으로 미션 패러다임의 한계라는 것을 발견했습니다.

'3번 선'은 일과 사명(Doing) 중심의 영성 포물선입니다.

이런 사역자들은 40대를 넘기면서 큰 고비를 한번 맞습니다, 심기일전하여 한 십 년쯤 더 버팁니다. 50대를 지나면 또 한 번 큰 고비를 맞습니다. 그렇게 오르락내리락하다가 60을 넘깁니다. 그땐 영적 힘이 부족하고 삶의 스타일이 고착되어 새로운 걸 시도할 엄두가 나지 않습니다. 자기도 모르게 추락의 늪에 빠지게 됩니다.

'솔로몬의 영성 그래프'는 보이는 사역이나 목회 성장을 가리키는 것이 아닙니다. 우러나오는 신앙과 인격 성숙을 나타낸 영성 그래프입니다.

신앙과 인품 곡선을 연장해서 보면, 노년이나 은퇴 후에 거의 다 평준화됩니다. 일반 성도나 헌신했던 사역자나 목회자도 다를 바 없습니다. 오히려 사역자와 목회자 영성 추이가 일반 성도에 비교해 상대적으로 더 급강하하기에 삶의 질 또한 박탈감이 더 심합니다. 이는 노후의 행복도와 연결됩니다. 특히 평소에 준비하지 못한 건강 문제와 가정 문제가 한꺼번에 터지면 행복한 노후생활과 신앙생활에 발목이 잡히기 쉽습니다.

'영성 그래프' 3번 포물선을 보고 정신이 번쩍 들었습니다. 저의 미래 신앙과 인품이 예측되었기 때문입니다.

<솔로몬의 영성 그래프>

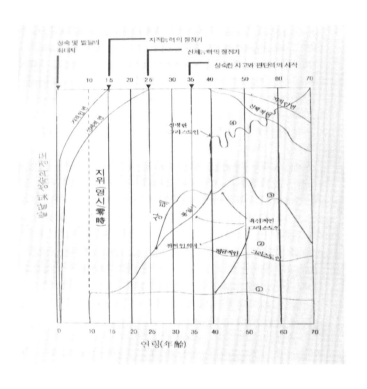

<참조. 찰스 R 솔로몬, 영적 치유의 핵심, 김우생 역,

p. 61~63>

1선: 구원의 체험이 없는 모태신앙인

2선: 10대에 구원 체험 후 소극적 신앙생활인

3선: Doing 중심 헌신 된 그리스도인

4선: Being과 그리스도 중심의 성숙한 그리스도인

성령님께 전적으로 이끌림을 받는 신앙인

8信

Being 포물선

영성 그래프 '포물선 4'를 살펴봅니다. 사역 성장보다 자신의 신앙 Being에 초점을 맞춘 신앙인입니다. 미션보다 영성을 앞세운 신앙인입니다.

링컨은 40부터는 자기 얼굴에 책임질 시기라 했습니다. 공자는 50엔 知天命 곧 하늘의 뜻을 알 때요, 품격이 드러날 나이라 했습니다. 하물며 예수님을 본받는 신자라면 어떻게 해야 하는가. 신앙인의 인생 후반은 경건한 자로 세상의 빛으로 나타나야 하지 않나요. 성공한 인생보다는 품격 있고 향기 나는 노후, 이런 것이 아름다운 시니어의 꿈이 아니겠습니까.

이 영성 그래프를 보면 30대엔 이러나저러나 별 차이가 없습니다. 오히려 사명을 추구하는 자들이 월등합니다. 그러나 40대를 넘기면서부터 그 차이가 나타납니다. 사역과 신앙생활에 큰 고비를 만날 때에 더욱 그렇습니다. 영성을 추구하는 자들은 그 신앙이 성장합니다. 영성 포물선이 비 온 뒤 모죽처럼 솟구칩니다. 고난이 영적 성장의 디딤돌이 되기 때문입니다. 하늘 문을 여는 스위치는 깊은 밑바닥에도 있습니다. 이 시기에 사역의 딜레마, 자녀 문제, 건강 문제 등 이런 시련들을 만납니다. 하지만 여러 시련들을 통해 밑바닥에서 그 신앙이 더 굳세게 되고 뿌리 깊은 거목, 품격 있는 신앙인으로 성숙해 갑니다.

40대 초에 저는 교통사고로 뇌를 크게 다쳤습니다. 두뇌 중심인 뇌간 부위에 심한 충격이 가해졌습니다. 기억이 잘 연결되지 않았습니다. 딸의 이름조차 금방 기억할 수 없을 정도였습니다. 할 수 없이 책임졌던 사역을 내려놓았습니다. 2년 동안 거의 누워지냈습니다. 이때 미션 중심 사고 패턴에서 벗어나기 시작했습니다. 조금씩 주님의 긍휼과 가족 사랑에 눈뜨게 되었습니다. 조용히 저 자신을 성찰해 보았습니다. 내면이 너무 거칠고 초라하였습니다. 잎만 무성하여 예수님께 책망받은 무화과나무 같았습니다. 그때부터 Being에 기초한 신령한 신앙생활을 사모하게 되었습니다.

기적적으로 건강이 회복되었습니다. 그러자 신령함을 추구하고자 했던 생각이 뒤로 밀쳐졌습니다. 영성보다는 지식 추구에 더 몰두했습니다. 전주와 서울을 오가며 뒤늦게 신학 공부에 몰두했습니다. 내친김에 전주 대전도 오가며 목회 상담을 공부했습니다. 신학 공부를 통해 삼위일체에 근거한 성경해석을 배웠습니다. 지역교회와 선교회의 양측 교회론의 차이를 파악한 논문을 썼습니다. 목회 상담을 통해선 공감적 언어와 심층 공감을 배웠습니다. 그때가 우리 선교공동체 개혁운동 중이라 '목회자 간 갈등관리'에 관한 논문도 썼습니다. 이런 연구가 사역엔 상당한 도움이 되었습니다.

그런데 여전히 제 신앙은 사역에 기초한 '영성 포물선 3'에만 머물 뿐이었습니다. 아직 신령한 신앙생활을 몰라서였습니다. 인격에 기초한 영성 추구를 어떻게 해야 하는지, 그 길을 몰라 갈팡질팡하였습니다.

주님은 이런 눈먼 강아지와 같은 저를 강권적으로 이끌어 주셨습니다.

9信

개혁, 계승, 개척

새천년에 접어든 2000년, 제가 몸담은 선교단체에 개혁 운동이 일어났습니다. 본국을 시발점으로 전 세계적으로 번졌습니다. 3년 동안 격한 회오리로 선교공동체는 두 동강이 나는 아픔을 겪었습니다. 새로 탄생할 선교공동체의 주된 관심사는 서울지구 회복과 서울대 개척이었습니다. 기존 단체에 비해 상대적으로 약했기 때문이었습니다.

이런 때 개혁측 서울지구 중요한 한 목사가 갑자기 사표를 내고 말았습니다. 아주 친한 친구여서 간곡하게 말려 보았지만, 소용이 없었습니다. 너무 충격을 받아 멍-하고 있을 그때였습니다. 한 말씀이 떠오르더니 큰 울림이 되었습니다.

"눈을 들어 밭을 보라 희어져 추수하게 되었도 다." (요 4:35).

"그렇다. 나라도 개척자로 나서자. 50대 중반이면 어떠라!”

아직 개혁 후유증으로 모두 혼란스러워하던 시기, 서로 찢긴 상처를 싸매줘야 할 때 책임자가 앞서서 개척하러 간다고 하니 어떡합니까. 전주 리더들은 울며 겨자먹기식으로 개척 방향을 잡았습니다. 기둥뿌리를 뽑아서라도 서울대를 개척하기로 하였습니다, 초대 안디옥 교회 같은 선교센터가 되자며 믿음으로 뜻을 모았습니다(제자 수양회, 2002.10. 수양산).

전주 개척자요 책임 스탭이던 저는 아내와 먼저 서울대 후문으로 이사 왔습니다(2003.3). 아무런 준비가 되지 않았지만 무작정 올라왔습니다. 25년 정들고 안정된 터를 두고 오는 것 자체가 쉽지 않았습니다. 대학생인 두 딸은 남아서 미션 하우스에서 자취하게 했습니다. 남은 제자들은 후임자 중심으로 성령의 그릇을 이루고자 고군분투했습니다. 믿음으로 출발했으나 저희 부부 마음도 편할 리 있었겠습니까, 젖먹이를 둔 어미 소가 울며 언약궤를 끌고 가는 벧세메스 소처럼 마음이 쓰렸습니다. 처자식을 두고 저희와 함께 올라온 한 간사의 심정도 이러했을 것입니다.

재정문제는 파송 지구로부터 처음엔 지원받습니다. 파송 지구의 어려운 형편을 누구보다 잘 알기에 몇 달 후 자립하고자 방향을 잡았습니다. 다른 선교단체 간사들처럼 스스로 후원자를 찾아 감당하는 ‘faith mission’을 택했습니다. 느지막한 나이에 서울대 개척하러 간다니 노욕이다, 양들을 버리고 서울로 가는 건 목자가 아니다. 심지어 어디 잘되나 보자, 고려장 하러 가는 격이지. 갖가지 말들이 들려왔습니다. 일면 이해는 되지만 덕담이 아니기에 참기가 힘들었습니다. 그렇다고 어찌합니까. 스스로 달래며 의미를 찾을 수밖에요. 복의 근원 아브라함은 75세에 출발했잖은가. 그에 비하면 난 아직 젊디젊지. 50대 갓 넘은 지천명 아닌가. 하나님이 부르시면 나이가 문제인가. 스스로 자위했습니다.

새출발 새 각오의 의미로 호를 '일계'라 스스로 지었습니다. 은퇴 후 고향 도산서원에 머물며 제자 양성에 힘쓰셨던 퇴계 이황 어른을 흠모해서였습니다. '일계(一溪)'는 한 작은 계곡이란 뜻으로 제가 자란 안동 일직면의 '一'과 우리 집성촌 안동 서후면 금계리의 '溪'에서 따온 것입니다.

이때의 심정을 자전적 서사시로 읊었습니다.

홀러~ 홀러~

(一溪)

나는
깊은 계곡

45

바위틈에서 나온
한 방울의 물

1

이 한 방울
하찮게 보여도
보는 이 아무도 없어도
산삼 먹은 물이라며
스스로 달래며
흘러가리라

2

가파른 계곡 만나면
숨 가쁘게 달리고
아스라한 절벽 만나면
용사처럼 뛰어내리며
목청껏 외치리라
곧은 폭포가
제 소리낸다

3

깊은 웅덩이에선
거친 숨 고르고

46

모여드는 또래와
쉼의 장단에
손에 손잡고
화답하며
한바탕 춤을 추리라
강강 강강
수월래 수월래

4

잠깐의 쉼
부끄러워
흐름을 재촉하다가도
마른 땅 적셔주고
패인 곳 채워주고
두루 감싸며 돌고 돌아
새 동네 이루며
흘러가리라

5

아서라
이 또한 사치다
숨 한 번 크게 들이키고
강 따라 물결 따라
드넓은 바다로

청탁을 가리지 않는
큰 바다로
흘러~흘러가리라

6

흐를 힘조차 잃어버리면
구름으로 피어올라
날 부르며 환영하는
새 노래 부활의 노래 들으리
수평선 맞닿은 저 푸르른 하늘
그 너머 수정 유리 바다로
새바람 타고
훨훨 날아가리라

시 해설
1연 청년기
　　소명과 영적 자부심
2, 3, 4연 장년기
　　개혁, 계승, 개척
　　믿음의 용기와 아름다운 우정 공동체
5, 6연 인생 3기
　　노후의 꿈을 노래한 것.
　　6연은 영성서신 집필 중에 씀

10信 1

새 성경 교재 발간
ReCM 12+1

성경 공부 교재 전체 구성을 본문식으로 하되 삼위일체를 뼈대로 해서 짰습니다(마 28:19). 그러자 그토록 바랐던 건전한 신앙, 건전한 제자 양성의 길잡이가 드디어 세워졌습니다.

서울대 개척은 봉천동 반지하에서 시작되었습니다. 서울대 후문 낙성대 큰길 건너편, 13평 반지하라. 한 칸은 바이블 룸 겸 간사 숙소로, 한 칸은 우리 부부방. 주방은 작은 식탁 하나 겨우 놓을 공간. 냉장고 놓을 자리는 언감생심이라. 한 친구 목사의 도움으로 구석진 곳에 끼워 넣듯 설치했습니다. 여긴 서울이잖아. 이래도 구유보다는 낫지. 교통비가 없을 땐 학교까지 40분 걸어가며 이것 또한 건강에 좋다는 도보 운동이라. 스스로 달랬습니다.

어떨 땐 다음 날 아침 끼니를 걱정할 때도 있었습니다. 하루아침에 수직 낙하하여 구겨진 모세와 같은 광야의 삶. 늦깎이 개척자의 이 서러움을 그 누가 알아주랴. 이런 환경과 조건보다 더 힘들게 한 건 갓 태동한 새 선교공동체의 상황. 존속 유무를 걱정해야 할 형편이라. 선교공동체냐 지역교회냐 그 방향을 잡지 못해 모두 불안한 눈빛, 캠퍼스 선교는 겨울바람 앞에 등잔불 격이라. 캠퍼스 첨병으로선 더더욱 오리무중이었습니다.

오로지 붙들건 성경밖에 없었습니다. 오직 성경, 오직 주님. 하소연할 곳도 주님밖에 없었습니다. 사역을 일단 다 접었습니다. 사도신경 고백에 따른 성경을 연구하기 시작하였습니다. 앞으로 새 선교단체 캠퍼스 영역에 사용할 일대일 성경 공부 교재용으로, 새 문제집을 만들어 나갔습니다. 절박한 현 상황을 잊고자 더욱 이 일에 몰두했습니다. 이 문제집 이름을 일명 'ReCM'이라 명명했습니다.

"모든 족속으로 제자 삼아 아버지와 아들과 성령의 이름으로 세례를 주고" (마 28:19).
이 선교 명령을 좀 더 들여다보니 삼위일체 신앙과 사도신경 고백의 성경적 뿌리가 여기에 있었습니다. 선교란 무엇인가.
"내가 너희에게 분부한 모든 것을 가르쳐 지키게 하라" (마 28:20a).
이런 신앙을 신조로 고백적 삶을 가르쳐 지키게 하는

50

것이 진정한 선교이리라.

그러면 선교의 주체는 누구인가.

"볼지어다 내가 세상 끝 날까지 너희와 항상 함께 있으리라" (마 28:20b).

"오직 성령이 너희에게 임하시면 … 내 증인이 되리라" (행 1:8).

선교의 주체는 우리가 아니라 바로 성령님. 세상 끝 날까지 함께 할 성령님이시라. 바로 이런 것이 모든 족속으로 제자 삼는 선교의 원칙임을 깨닫게 되었습니다. 이런 건전한 신앙과 삼위일체 신학의 터 위에 성경이 해석되고 가르쳐질 때 성경적 선교가 이루어집니다. 이런 주님의 선교가 이루어질 때, 비로소 건전한 선교공동체가 세워짐을 확신하게 되었습니다. 긴 개혁운동 후 새 선교단체로 출발하게 되었습니다(2003.3). 한 권 한 권 문제집을 만들어 나갔습니다. 그러자 건전한 선교공동체를 이룰 그림이 어렴풋이 보였습니다.

갈 바를 알지 못하고 바랄 수 없는 형편이었습니다. 하지만 단순한 믿음이 생기고 내적 그림이 그려지니 용기가 솟구쳤습니다. 더디게 가더라도 바르게만 가자. 이런 다짐 수 없이 하였습니다. 저를 포함한 간사들은 틈만 나면 말씀과 성령에 의지하여 기도에 매달렸습니다.

오직 성경,

오직 주님,

오직 기도.

*ReCM이란 각 단계의 첫 이니셜을 딴 것입니다.

Relationship 3권: 하나님과의 사랑의 관계성 회복,

encounter 3권: 예수님의 은혜와의 속 깊은 만남,

Communication 3권: 성령님과의 소통과 교제,

Mission 3+1권: 부르심의 사명을 뜻합니다.

20년 인고의 열매

'일대일 성경 교재' 12+1
약칭 ReCM : 사도신경에 근거한 본문식 성경 공부
(마 28:19, 20)

10信 2

하늘 문, 하늘길

성령님과의 교제 기도로 기도의 길이 트이니, 십자가 보혈의 세계가 어찌나 깊고 높든지요.

홀로 있게 되면 아직 준비 없는 갓 출범한 새 선교단체, 모두 지역교회로 쏠리는 그 상황에서 홀로 선 캠퍼스 현장, 늦깎이 서울대 개척 선봉에 선 책임감, 그 중압감이 저를 짓눌렀습니다. 새벽 2시에서 3시경, 홀로 주방 식탁에 앉아 식은땀 닦습니다. 기도로 안간힘 다해 버텼습니다. 반지하 좁은 집 너무 답답하여 구름무늬 벽지를 천장에 붙여 하늘을 연상했습니다. 햇볕이 그리워 시간만 나면 밖으로 나갔습니다, 전주에 두고 온 딸들이 그립고 그들에게 해 준 것 없어 저녁에 산책할 땐 날마다 두 딸 위해 부부 합심 기도했습니다.

몇 달 지나면서부터였습니다. 햇볕 없는 반지하 생활로

여기저기 잔병이 아내에게 나타나기 시작했습니다. 캠퍼스 개척자가 되니 대부분 교회로 가는 대세에서 밀려나기 시작했습니다. 우리 공동체에서나 제자들로부터 존재의 가벼움을 당하기도 하였습니다. 심지어 억울한 누명까지 덮어쓸 때도 있었습니다. 그 답답함을 어떻게 풀어야 할지 몰라 길거리를 배회하기도 했습니다. 울화증으로 몇 번이나 극단적 충동에 시달리기도 하였습니다. 오십 대 중반에 찾아온다는 우울증도 왔습니다. 늪에 빠진 것처럼 자다가도 수렁에서 허우적댔습니다.

"오호라 누가 이런 상황에서 나를 건져내랴."

그렇지, 내겐 위에 계신 친구 예수님이 계시지. 자기를 비우신 예수님, 나 같은 자를 구원하고자 마땅히 누릴 기득권도 포기하시고 다 비우신 예수님, 십자가에까지 다 내어놓으신 주님이 아니신가. 이 주님을 바라보고자 몸부림쳤습니다.

"오히려 자기를 비워 종의 형체를 가지사" (빌 2:7).

이 말씀을 일 년 요절로 삼고 외우고 새겼습니다. 그러나 머리에만 맴돌 뿐 가슴이 뚫리지 않았습니다. 현실이 너무 절박하니 마음 비울 여유가 없었습니다.

누군가 했던 말을 떠올리기도 했습니다.
"믿음으로 산다는 건
앞길 한 발 내디딜 때마다
천 길 낭떠러지 앞에 선 기분.

뒤돌아보면 꽃길인데."

노자의 글귀까지 문간에 걸고 그 의미 새기며 읊조렸습
니다.

'공들여 만들어놓고 거기에 머물지 않으면
이것이 영원히 사는 길이라(功成以不居 是而弗去).'

그러던 어느 날 관악 캠퍼스 위 공대에 올라갔습니다.
피곤해서 교수 휴게실에 들어가 좀 쉬고자 했습니다. 앉자
마자 누구냐고 수위가 물었습니다. 얼른 대답 못 했습니
다. 아직 서울대에 아무도 아는 이 없었기 때문입니다. 그
렇다고 목사라고 하기에 상황이 맞지 않았습니다. 머뭇거
리다 그냥 쫓겨났습니다. 이 나이 먹도록 이게 뭐람. 수위
앞에서조차 내가 누구인지 밝히지 못하다니. 초라한 제 모
습에 한숨이 나왔습니다. 터덜터덜 내리막길 내려오며 투
덜댔습니다. "꼴 좋다 한심하다 한심해."

그때였습니다.
한 말씀이 떠오르더니 저를 사로잡았습니다.
   "이는 내 사랑하는 아들이요 내 기뻐하는 자라" (마
3:17).
그렇지, 난 이런 사람이지. 천국 문지기가 물으면 당당
하게 밝힐 수 있는 자.
"나 말이요. 딱 보면 몰라요. 주님이 사랑하는 아들, 주
님이 기뻐하시는 자 아니요. 먼저 알아보고 모셔야지." 흥
겹게 찬송하며 들어갈 천국문이 상상되었습니다. 저절로

56

흥이나 콧노래가 나왔습니다.

"내가 원하는 한 가지 주님의 기쁨이 되는 것- ccm"

신기한 건 그때부터였습니다. 제 마음이 뚫리고 하늘 문이 열렸습니다. 제 기도에 하늘길이 열리기 시작했습니다. 벧엘 광야에서 돌베개 한 야곱의 체험이 제게 와 닿는 것 같았습니다. 저도 같은 고백을 하였습니다.

"두렵도다 이곳이여 이곳은 다름 아닌 하나님의 집이요 이는 하늘의 문이로다" (창 28:17).

내가 선 이곳이 바로 하늘 문이구나!

<삼위일체   <예수님의 비움>

안드레이 루블료프 작>

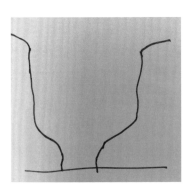

<비움의 큰 잔, 우주를 담음>

11信~16信

영성기도

길트기

11信 1

십자가路

'성령 기도'에 관해 얘기하자 믿음의 동료와 선배들이 아주 낯설어했습니다. 그도 그럴 것이, 제 신앙생활 중 기도 영역이 가장 약한 걸 알고 있어서였습니다. 그런 제가 만날 때마다 성령 기도에 대해 이러쿵저러쿵 말하니 모두 의아하게 여겼습니다.

'성령 기도'란 마치 성령님이 인도하시는 것처럼 성경 말씀을 따라 기도하는 것입니다(엡 6:18, 유 1:20, 한컴선교). 칼빈은 바로 내 앞에 계신 주님을 연상하고 기도하라고 했습니다(이승구. 주기도 해설). 내적 사귐 기도는 내 안에 계시는 성령님을 의식하고 교제하는 기도입니다. 심화한 '성령 기도'는 온전히 성령님의 포로가 되어 이끌림을 받는 기도입니다(A.W. 토저, 이것이 성령님이다. 5장).
마음에 하늘 문이 열리자, 십자가에 대한 제 생각이 바뀌었습니다. 사명의 십자가가 하늘 문을 여는 열쇠로 보였습니다. 그러자 미션 중심에 사로잡혀 있던 제 신앙에 영성의 문이 열렸습니다. 십자가를 통해 위를 보니 하늘길이 보였습니다.

'미켈란젤로의 최후의 심판'의 그림처럼 십자가를 날개로도 상상했습니다.
그렇지.
저 넓은 바다에도 뱃길이 있고 저 광활한 하늘에도 항로가 있지 않는가. 그렇다면 영성에도 성령의 길 '영로'가 있겠구나.
"내가 곧 길이요 진리요 생명이니 나로 말미암지 않고는 아버지께로 올 자가 없느니라" (요 14:6).
이 말씀을 교리로만 알고 있었는데, 이제 이 말씀을 교제 기도의 길로도 적용하게 되었습니다.

성경 말씀 원저자이신 성령님을 안내자로 위에 계신 주님을 바라보았습니다. 위로 하늘로 상상의 날개를 펼쳐가니 심령이 탁 터지고 황홀해졌습니다. '아! 이런 걸 성령님과의 교제 기도라 하는구나.' 기도가 어찌나 달콤하고 은밀하든지요. 한두 시간 금방 지나갔습니다. 신비주의에 빠지지 않을까 염려될 정도였습니다.

성경 신학 큰 학자인 한 선교사에게 실토하니 도리어 격려해 주었습니다. "자네같이 성경 말씀에 사로잡힌 자는 걱정하지 않아도 되네. 단, 어떤 경우에도 십자가의 보혈

61

만은 놓치지 말게나."

일반적으로 기도라 하면 목표가 있고 응답을 바랍니다. 기도를 통해 응답과 성취를 바라기에 기도의 노동이라고도 합니다. 하지만 교제 기도는 목표를 향한 등산이 아닙니다. 이는 산책 기도요, 주님과의 밀월여행입니다. 무거운 짐 다 맡기고 일단 내려놓습니다. 주님과 아름다운 사귐을 나눕니다.

그러면 주님을 향한 아가서의 노래를 부를 수 있습니다.

"사랑은 죽음처럼 강한 것~ 바닷물로도 끌 수 없고 굽이치는 물살도 쓸어갈 수 없는 것, 있는 재산 다 준다고 이 사랑을 바치리오" (아 8:6, 7, 공동번역).

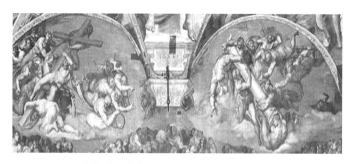

<최후의 심판 윗부분. 미켈란젤로 작>

11信 2

십자가路 기도

영성의 길, 성령 기도 길트기에는 예수님의 십자가의 길이 중심에 서야 합니다. 예수님의 십자가의 길, 수난의 그 길을 하나씩 묵상하며 기도합니다.

준비 단계 실행

준비 기도할 때 먼저 속 털기, 맡김 기도를 드립니다. 속 털기는 일명 '토설 기도'라고도 합니다. 다급하거나 억울한 것 있으면 그런 마음으로는 주님과 사귐이 어렵습니다. 그 속마음을 털고 믿음으로 주님께 맡김이 우선입니다.

주님이 가르쳐주신 기도를 묵상합니다. 주기도는 하나님의 소원, 우리의 간구, 마지막은 초대 성도들의 신앙고백으로 이어집니다. 주기도를 그대로 드리니 습관적 기도로 머물곤 했습니다. 또 간구 기도가 마무리되니 나와 문제에 머물러 주님과의 교제가 어려웠습니다.

고민 끝에 주기도를 역순으로 해보았습니다. 그러자 사귐 기도하기에 적절했습니다. 맨 마지막 부분인 "나라와 권세와 영광이 아버지께 영원히 있습니다."라는 고백을 먼저 합니다. 초대 성도들의 신앙고백을 통해 주님의 주권을 선포합니다. 그러자 야구공을 직구로 던지듯 영적 힘이 솟구쳤습니다. 그다음 간구 기도가 단순히 응답에만 머물지 않았습니다. 절박한 문제를 통해 주님의 소원이 성취되는 영광 기도로 올려지게 됩니다. 주님과 사귐이 되고 그 음성을 경청하는 마음가짐이 됩니다.

준비 기도가 끝나면 곧장 '십자가路' 기도로 나아갑니다. 하지만 중요한 결단이 필요할 때도 있습니다. 특별한 준비 기도할 때 겟세마네 예수님의 기도를 따라서 합니다. 자기 소원을 내려놓으시는 기도, 하나님의 소원을 영접하고 순종하시는 기도, 이런 주님의 영적 투쟁을 깊이 새깁니다. 나의 거룩한 소원과 하나님의 거룩한 소원이 부딪힐 때는 잠시 머물며 영적 분별력을 구해야 합니다. 성령님을 힘입어 끝내 주님의 깊은 순종을 배웁니다.

"다시 두 번째 나아가 기도하여 이르시되 내 아버지여 만일 내가 마시지 않고는 이 잔이 내게서 지나갈 수 없거든 아버지의 원대로 되기를 원하나이다" (눅

64

26:42).

십자가 따르기

이제 본격적으로 십자가路 기도를 시작합니다. 먼저 채찍 맞으신 예수님, 희롱 받으신 주님을 묵상합니다.
"저가 채찍에 맞음으로 너희가 나음을 받았도다" (벧전 2:24).
내 영육 간의 모든 질병을 짊어지시고 체휼하신 주님 (마8:17)과 치유의 십자가를 묵상합니다.

이제 골고다 십자가의 길을 바라봅니다. 비아돌로로사 즉 슬픔과 애통의 길입니다. 골고다를 오르시며 따르는 여인들에게 하신 주님 말씀을 내게 주신 것으로 묵상합니다.
"예루살렘의 딸들아 나를 위해 울지 말고 너희와 너희 자녀들을 위해 울라" (눅 23:28).

천천히 한 단계 한 단계를 따라 묵상합니다.
"보라 세상 죄를 지고 가시는 하나님의 어린 양을" (요 1:29).
아사셀 염소처럼 나의 죄, 우리의 죄, 세상의 죄를 대신 지신 주님을 묵상합니다. 십자가야말로 진정한 자유, 영혼의 자유를 줍니다.

드디어 골고다 언덕에 오르시는 주님을 묵상합니다. 십

자가에서 온전한 번제 제물 되신 주님을 바라봅니다. 십자
가에서 외치신 주님의 일곱 마디 말씀을 되새기며 음미합
니다.

"아버지여 저들을 사하여 주옵소서 자기들이 하는
것을 알지 못함이니이다" (눅 23:34).

"오늘 나와 함께 낙원에 있으리라" (눅 23:43).

"여자여 보소서 아들이니이다" (요 19:26).

"나의 하나님 나의 하나님 어찌하여 나를 버리시나이
까" (마 27:46).

"내가 목마르다" (요 19:28).

"다 이루었다" (요 19:30).

"내 영혼을 아버지 손에 부탁하나이다" (눅 23:46).

십자가 7언 중 특히 용서의 기도, 버림받으신 기도, 다
이루었다 하신 기도를 더 깊이 묵상하며 머물며 새깁니다.

이제 십자가 아래로 나아갑니다. 존 번연의 『하늘 문을
여는 기도』 책을 통해 십자가 아래 머물며 기도하는 법을
알게 되었습니다. 십자가 밑에 머물며 나에게로 흐르는 피
와 옆구리의 물, 눈물과 땀을 연상합니다(일명 제단 기도).

십자가의 피로 범벅된 내 모습을, 십자가를 부둥켜안은
내 모습을 연상합니다. 십자가가 영적 링거가 되어 내 안
에 영혼의 힘을 불어넣습니다. 이제 눈을 들어 이런 나를
보실 하나님의 얼굴을 상상합니다. 적절한 찬송 가사를 음

미하며 상상 기도를 드립니다.

십자가 화목제물 되신 주님, 그 뒤에 계신 하나님을 바라보니 평안이 내 영혼에 밀려옵니다.

"그가 너로 말미암아 기쁨을 이기지 못하시며 너를 잠잠히 사랑하시며 너로 말미암아 즐거이 부르며 기뻐하시리라 하리라" (습 3:17).

평안을 노래한 찬송을 들으며 주님의 품에 안긴 내 모습 상상합니다. 평생 요절 말씀을 묵상하며 하나님의 얼굴을 그립니다. 뛰는 맥박 심장 소리까지 듣고자 귀 기울입니다.

"하나님이 세상을 이처럼 사랑하사 독생자를 주셨으니" (요 3:16).

베토벤 9번 3악장을 들으며 내 안의 영혼이 피어나는 모습, 훨훨 나는 내 영혼의 모습 연상합니다. 날개 편 내 영혼의 자유로움을 만끽합니다. 십자가가 날개로 변해 신비의 세계로 이끌려 가는 내 모습을 그려봅니다.

진정한 교제 기도는 내가 앞서지 않고 주님을 앞세우는 기도입니다.

십자가路, 이 기도는 다음 단계인 성령님께 이끌림을 받는 기도를 익히는 기초입니다.

십자가야말로 하늘 문을 여는 열쇠요, 영혼의 날개라.

실행 3단계

초급 : 찬송과 함께
    영성 기도 길트기
중급 : 말씀을 따라
    길트기
    앞 본문에 설명한 것
상급 : 기도 길이 터진 후
    그 길 따라
    상상 기도

영혼의 오솔길(영솔)

찬송은 영혼의 울림이요
가사는 신앙고백이요 기도라
찬양곡과 가사는
성령 기도의 안내서요 지팡이이어라

영솔 1

초기 단계
찬송을 들으며 기도하기
영적 사고의 길트기를 위해
0 #준비: 주기도 반주 들으며
    : 주기도 역순
        속 털기, 맡김 기도

68

　　　# 자비하신 예수여

　　　　찬송가 395장

　　　　　: 십자가 바라보기

　1 겟세마네 동산에서 /ccm

　　　　　: 주님의 비아돌로로사

　　　　　묵상

　2 웬말인가 /찬송가143

　　　　　: 십자가 칠언 묵상

　3 너의 하나님 /ccm

　　　　　: 하나님의 얼굴 상상

　4 내 영혼아 / ccm

　　　　　: 영혼의 자유함 상상

　5 베토벤 9번 3악장

　　　　　: 바다 위를 날고 있는 내 영혼의 모습

　　　　　상상

12信

'안으로'의 기도

십자가의 보혈이 갈보리 언덕에만 머물지 않고, 지성소에도 흐르고, 내 마음의 속죄소에도 흐르고 있네.

피곤할 때면 목욕탕이 생각납니다. 탕 속에 몸을 푹 담그면 성령님의 품 안에 안기는 기분을 느낍니다. 살에 붙어 있던 때가 불어나 잘 벗겨지듯 내 삶에 붙어 있는 죄도 성령님의 품에 있을 때 이처럼 잘 벗겨진다고 생각합니다. 사우나실에 들어가 땀 뺄 땐 내주 하시는 성령님으로 몸속 나쁜 것 빠지는 것을 상상하기도 합니다. 일상에서 성령님의 임재하심과 이끌림을 연관시키니 성령님의 인도하심이 생소하지 않습니다.

하지만 막상 자기 마음을 들여다본다는 것, 성찰한다는 것이 그렇게 쉽지 않습니다. 왠지 두렵기도 하고 막막하기도 합니다. 처음 마음을 들여다보게 되면 수십 년 돌보지

70

않아 잡초로 뒤덮인 정원 같습니다. 때론 가시덤불 같고 메마른 허허벌판 같습니다.

일찍이 이사야 선지자가 예언한 것과 같습니다(사 40:3-5). 패이고 구부러지고 험하디험한 골짜기와 같습니다. 이런 만큼 '안으로'의 기도를 하는 것 자체가 쉽지 않습니다. 대부분 그 마음에 내적인 길, 하나님의 대로가 아직 구축되지 않아 그렇습니다.

로마서 7장은 이와 같은 내적 마음의 상태를 잘 보여줍니다. 바울은 십계명 중 마지막 탐심 문제 해결에 집착합니다. 탐심 문제는 십계명 중 유일한 내면의 문제에 관한 것입니다. 내 속 혹은 속 사람은 마음을 말합니다.

"그러므로 내가 한 법을 깨달았노니 곧 선을 행하기 원하는 나에게 악이 함께 있는 것이라 ~오호라 나는 곤고한 사람이로다 이 사망의 몸에서 누가 나를 건져내랴 우리 주 예수 그리스도로 말미암아 하나님께 감사하리로다. 그러므로 이제 그리스도 예수 안에 있는 자에게는 결코 정죄함이 없나니 이는 그리스도 예수 안에 있는 생명의 성령의 법이 죄와 사망의 법에서 너를 해방하였음이라" (롬 7:21-8:2).

머리에만 맴돌던 이 말씀이 마음으로 받아들여지기까지, 게다가 '안으로의 기도'에 이르기까지는 많은 시간이 필요했습니다. 더욱이 마음의 길이 구축되기까지는 성령님의 특별한 간섭이 필요했습니다. 생명의 성령님의 법 그 세력에 통치받기까지는 영적 훈련도 상당히 필요했습니다.

기도 중에 보았던 신기한 한 장면. 그건 십자가가 벌떡 세워지는 광경이었습니다. 너무 신기하여 히브리서를 펼치니 한 말씀이 눈에 들어왔습니다.

"그 길은 휘장 가운데로 열어 놓으신 새로운 살길이요 휘장은 곧 저의 육체니라" (히 10:20).

'그 길'. 그렇다.

내 마음을 다 정리한다는 건 불가능하다. 언제 밀림 같은 내 마음을 다 정리할 것인가. 정글에도 작은 길이 있으면 그 길 따라 가면 될 것 아닌가. 그렇잖으면 타잔처럼 줄을 타고 가면 될 것이지. 생각이 여기에 이르자 십자가가 구원의 교리로만 머물지 않았습니다. 실제적 영성의 길로 펼쳐졌습니다. 예수님의 찢긴 육체로 인해 내 마음에도 생명의 길이 생기다니. 예수님의 피로 말미암아 내 마음의 성소에도 새로운 길이 생기다니. 보혈의 길로 성령님이 내 마음의 속죄소로 나를 이끌어가신다니. 그 하나하나가 놀랍고 신기하기만 했습니다.

성령님으로 인해 주님의 보혈이 내 안에도 흐르고 있구나. 죽은 양심도 깨끗하게 하셔서 거룩하게 되고 있구나. 뛸 듯이 기뻤습니다. 내 깊은 마음, 혼돈하고 깜깜한 내 마음에 빛이 비치기 시작했습니다(창 1:2, 3).

72

마침, 그때 앤드류 머레이의 히브리서 강해서인 '지성소'를 읽고 있었습니다. 히브리서 9장과 10장이 가슴을 벅차게 했습니다. 십자가로 찢긴 휘장. 아-! 이 얼마나 놀라운 생명의 복음인지요(히 9:14). 십자가 보혈이 내 마음의 지성소 보혈로 이어졌습니다, 우주적 구원을 이루는 천국 복음으로까지 확장되었습니다.

"그러므로 형제들아 우리가 예수의 피를 힘입어 성소에 들어갈 담력을 얻었나니" (히 10:19).

그 후부터 내 안의 지성소 보혈에 맞닿고자 하는 영적 소원이 솟구쳤습니다. 내면의 길을 상상하기 시작했습니다. 우거진 밀림 속을 헤치며 어두운 동굴에 들어가듯, 사우나 방에서 땀을 빼고 잠시 냉탕에 들어갔다가 열탕에 들어가듯, 안으로 더듬고 들어가며 영적 열기로, 성령의 기운으로 채웁니다.

먼저 '마음'에 관한 예수님의 말씀을 묵상합니다.

"네 마음을 다하고 목숨을 다하고 뜻을 다하고 힘을 다하여 주 너의 하나님을 사랑하라 하신 것이요" (막 12:30).

각 단어의 하나하나 의미를 찾습니다. 그것을 내면과 연관해 이미지화해서 그려봅니다.

마음(heart) : 정서, 감성

목숨(soul) : 속 자아, 영혼

73

뜻(mind) : 智, 의지
힘(might) : 행위

대학 시절 한 때 마음 탐구에 몰두한 적이 있었습니다. 그즈음 고향 도산서원에 들러 퇴계의 '성학십도'를 보았습니다. 그의 심경(心敬) 사상과 성경의 경외심을 비교해 본 적이 있습니다. 이런 것이 제 무의식의 세계와 마음 인식에 상당히 영향을 주었을 것입니다. 인간의 마음 깊은 곳엔 무언가에 대해 우러러보는 심경이 있다는 사상 말입니다.

무엇보다 성경은 신자의 마음이 '성령의 전'(고전 6:19)이라 하였습니다. 히브리서를 탐독하며 온전한 예배에 눈 뜨게 되었습니다.

그 후부터 성막 구조에 마음 영역 하나하나를 배치해 보았습니다(히 9장, 10장, 참조 p. 79 성막 구조 그림). 여기에 사티어의 '내면 빙산 구조' 용어와도 병합했습니다(참조 p. 80 사티어 내면 빙산 탐색도). 영성에 관한 책들을 읽으며 영성 3단계인 '정화', '조명', '일치'로 그 영역을 영성적으로 구분했습니다.

정화
번제단 / 행위(롬 3:24, 25)
물두멍 / 중생 씻음(딛 3:5)

조명

진설병 / 감성(히 9:8, 11, 12)
등잔 촛대 / 智性(히 9:14)
향단 / 속죄양(계 5:8)

일치

휘장 안 / 영성1 (히 10:19, 20)
언약궤 / 영성2 (히 9:3, 4)
속죄소 / 영성 3 (요 14:23)

지금껏 제게 오리무중이던 내면의 영성 길, '내 안의 기도 길'이 하나씩 구축되어 갔습니다. 드디어 내 마음속에 필그림 기도 길이 구축되기 시작했습니다. 영적인 눈, 신령한 눈이 떠지면서 점점 내면세계가 생생하게 상상되었습니다(엡 1: 17, 18).

'정화' 단계엔 온전한 십자가의 은혜,
'조명' 단계엔 성령님의 위로와 성찰,
'일치' 단계엔 삼위 하나님과의 연합과 일치(요 14:23).

서로서로 연결해 묵상하기 시작했습니다. 그 하나씩 그리며 상상해 나가자 정말 신기했습니다. 두렵기도 하였습니다. 영성학자의 조언과 영성 관련 책자들을 읽으며 조심스럽게 한 단계씩 이어 나갔습니다(유해룡. 기도 체험과 영적 지도 등).

내적 교제 기도는 성령님께 전적으로 이끌림을 받는 기도입니다. 성령님은 내 속에 똬리 틀고 있는 자기 중심성을 거울에 비추듯 들추어내십니다. 이렇게 드러나는 자기 교만, 자기애 등을 회개하는 것이 내적 교제 기도입니다(내적 회개, 중심성 회개).

좀 더 깊이 안으로 들어가 봅니다. 지성소 안 언약궤, 그 안에 들어 있는 세 가지를 상상합니다. 만나(불평), 아론의 싹 난 지팡이(주권에 대한 도전), 돌판(불순종)의 사건들을 묵상합니다. 거기에 맞닿는 속 깊은 내 죄악들을 성령님의 조명으로 들추어냅니다. 서서히 거룩함을 빙자한 숨은 죄악 된 본성들이 드러납니다. 깊은 죄악 된 본성을 깨달을수록 하나님 은혜의 깊이가 더 깊어집니다(어거스틴의 은혜론). 성령님을 의지할 수밖에 없습니다. 로마서 7장과 같이 성령님을 의지하여 불평, 주권에 대한 도전, 영적 불순종을 회개합니다. 내 본성, 정과 욕심을 십자가에 못 박습니다.

"내가 그리스도와 함께 십자가에 못 박혔나니 그런즉 이제는 내가 사는 것이 아니요 오직 내 안에 그리스도께서 사시는 것이라" (갈 2:20a).

내 마음 속죄소로 나아갑니다. 성령님으로 내 양심에

뿌려진 주님의 보혈로 말미암아 온전히 정결하게 된 것을 믿고 영접합니다(히 9:14). 그런 후 한동안 조용히 기다립니다. 주님과의 하나 됨, 삼위 하나님과의 일치를 상상합니다. 신비한 경험을 하기도 합니다. 속 깊은 중심 그곳에서 우러나오는 평안이 솟구칩니다. 위로부터 퍼부어지는 환희의 빛이 감쌉니다. 어떤 영성가는 이런 것을 영혼의 혼인예식이라 하더군요(아빌라 테레사, 내면의 성).

마음의 길이 구축되는 것, 그 길을 따라 '안으로'의 기도를 드리는 것, 이런 것들이 그렇게 쉽지 않습니다. 이를 반복하는 것이 영적 훈련입니다. 처음에는 찬송 가사로 이런 기도의 도움을 받습니다. 마음의 길이 구축되어야 비로소 내적 자기 탐색 기도가 서서히 됩니다. 영적 근육이 단단해집니다. 그러다 보면 나도 모르게 조금씩 자기 조명과 성화의 길로 나아가게 됩니다. 나도 모르게 겨울나무와 같이 비본질적인 낙엽들이 하나씩 하나씩 떨어져 나갑니다. 점점 더 깊은 자기 성찰과 성령님이 깨우쳐주시는 영적 성찰이 됩니다. 그러다 보면 내면의 변화와 성숙을 경험하게 됩니다.

'안으로' 기도 코스는 전적으로 성령님께 이끌림을 받는 기도입니다. 그렇기에 성령 중심의 사고 훈련이 필요합니다. 초기엔 앞에서 언급했듯 주로 찬송 가사를 음미하며 그 가사로 기도합니다. 한 단계 한 단계 담대히 나아갑니다. 성령 중심 사고가 구축되면 성령님께 이끌림을 받아 더 깊은 기도를 드리게 됩니다. 세미한 주님의 음성에 귀 기울이게 됩니다(왕상 19:11, 12).

'안으로' 기도 실행 단계입니다.

초기 단계 : 찬송 가사를 음미하며 마음의 길 따라가기.

중간 단계 : 말씀을 따라 성령님의 안내로 내면의 성막 코스를 그리며 나아가기, 본문의 설명대로.

심화 단계 : 내적 길이 놓이면 성령님의 이끌림으로 경청 기도, 관상기도, 침묵 기도로 나아가기(참조. 14신).

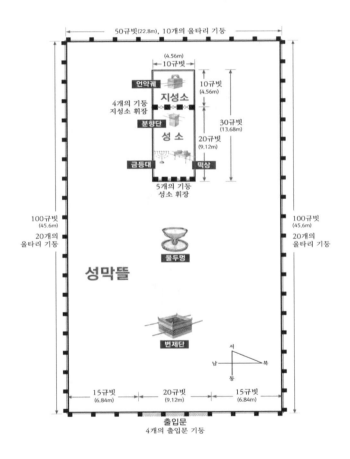

<성막 구조>

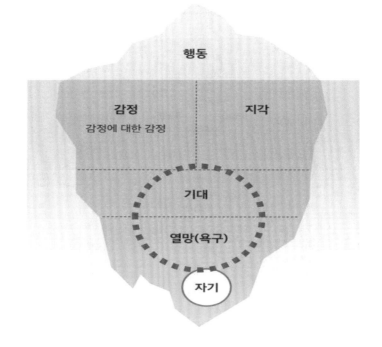

<사티어 내면 빙산 탐색도>
버지니아 사티어(미)

찬송이 성령님의 길잡이어라
찬송을 따라 읊조리다 보면
성령 기도도 익숙해지고
어느새 마음속에도 영적 길이 구축되는데
안타까운 건 찬송을 편집한 것을
싣지 못하고 그냥 제목만 덩그레
소개할 수밖에 없다니

영솔 2 실행

'내 안으로'

초기 단계 : 찬송 및 음악

0. 나 주님의 기쁨 되기 원하네 /ccm

1. 지극히 높으신 주님의 지성소로 들어갑니다
    / ccm

2. 주님과 같이 / ccm

3. 나 행한 것 / 찬송가 274장

4. 내가 주인 삼은 / ccm

5. 만세 반석 열리니 / 찬송가 494장 1절

6-1. 힘들고 지쳐 / ccm

6-2. 천국 무도회 / ccm

7-1. 보혈을 지나 / ccm

7-2. 모든 영광 하나님께 / ccm

8-1. 내 영혼의 그윽히 / 찬송가 412장

8-2. 평화의 기도 /ccm

13信

'위로 향하는' 기도

십자가의 보혈은 속죄소에 이어 하늘 보좌로까지 솟구쳐 온 우주를 정결케 하네.

하늘, 생각만 해도 가슴이 확 뚫립니다. 지금은 우주 시대입니다. 천문학은 우리 인간의 시야를 심우주로 확장해 나가고 있습니다. 천국은 우리 신자의 산 소망이요 영적 본향입니다(히 11:16). 성경은 셋째 하늘까지 말해줍니다 (고후 12:2). 눈을 들어 하늘을 보고 위의 것을 사모해야만 현실에 매이지 않게 됩니다(골 3:2). 하지만 천국에 관한 찬송이나 기도 하려면 기분이 묘합니다. 장례식을 연상하기 때문입니다. 나이 드실수록 천국을 더 사모하고 꿈을 꾸어야 할 것 같은데 그렇지만은 않습니다. 죽음과 연관되어서인지 깊이 생각하기를 꺼리는 이들 많습니다. "아직 삶도 모르는데 하물며 죽음을 알 수 있을 것인가"(공자). 죽음, 그건 그때 가서 생각하자. 제가 그러했었습니다.

참 놀라운 건 하늘 문이 열리는 체험을 한 후부터 이런 생각들이 제게서 사라진 것입니다. 죽음이 두렵지 않게 되었습니다. 어떠한 죽음으로 하나님께 영광 돌릴 것인가를 생각하게 되었습니다(요 21:19). 그렇다. 어차피 죽을 것 아닌가. 우물쭈물하다가 준비 없이 그냥 갈 수 있을지 모르지. 마지막을 미리 준비해 두자. 그런 후 현재의 삶을 살면 언제 어떻게 되든 여유가 있을 것 아닌가. 이런 생각으로 마지막을 하나씩 준비하니 본질에 충실하게 되었습니다. 내려놓음이 쉽고 삶이 단순해졌습니다. 심령이 가난해졌습니다. 천국의 행복이 밀려왔습니다(마 5:3). 하루하루의 삶을 알뜰하게 살게 되었습니다.

그런데 막상 '위를 향하여' 기도하려니 구체적으로 어떻게 해야 할지 막막했습니다. 하늘길이라. 단편적인 성경의 지식으로만 더듬을 뿐이었습니다. 그러던 중, "마태복음에 나타난 하늘"로 학위를 받고 영국에서 온 지인을 적절한 때 만났습니다. 그를 통해 '위로 향하는 기도'의 성경학적인 큰 도움을 받았습니다. 그 핵심 몇 마디가 하늘길 놓는 가이드가 되었습니다. "성막은 하늘 성전의 콤팩트한 수평적 모형이다. 성막 구조를 수직으로 세우면 성전의 원형인 하늘 성전 구조가 된다. 천국은 확대된 성전이다." (강대훈 총신대 교수, 성경의 우주론)

성막 수직 구조에 예수님의 보혈을 대입시켰습니다. 갈보리 십자가의 보혈, 지성소의 속죄소 보혈, 이어 보좌의

83

어린 양의 보혈을 바라보기 시작했습니다(요 19:30, 히 10:19, 20, 계 5:12). 이를 '삼중 보혈'이라 명명했습니다. 삼중 수소 언어에 빗댄 것입니다. 예수님께서 갈보리 십자가에서 "다 이루었다"(요19:30)라고 선포하신 말씀에는 보혈의 이 세 가지 의미가 다 포함됩니다.

영적 성장을 위해서 편의상 다음과 같이 구분해서 상상했습니다.
갈보리 보혈은 구원의 온전한 은혜인 '정화'를,
속죄소 보혈은 우리의 '성화'를,
보좌의 어린 양의 피는 우리의 '영화'를 온전히 이룸으로 보았습니다.

성령 기도 길트기 기도의 초점은 어느 코스든 그리스도 예수님의 보혈에 맞춥니다. 이런 관점에서 히브리서를 연구하고 계시록의 '하늘의 노래'를 톺아보았습니다. 나아가 하늘의 성전 구조를 그려갔습니다. 그 구조에 따라 7단계 기도로 승화시켰습니다.

1 성막 문 / 천국 입성
2 번제, 물두멍/ 성결식
3 진설병/ 성만찬
4 등잔대/ 시상식
5 향단/ 혼인예식
6 지성소/ 대찬양

7 은혜의 보좌/ 천국예배

'위로 향하는 기도'는 영화 단계의 기도입니다. 성령님께 온전히 이끌림을 받는 기도이기에 내 영혼을 내맡기며 상상합니다. 단테의 신곡 "천국 편"처럼 하늘의 천사가 이끌며 안내하는 모습을 상상합니다.

천국 입성 후 단계마다 어린 양 보혈로 영혼까지 씻음을 받아 환희의 7단계를 상상하며 기도합니다.

성결함 : 천국 입성
풍성함 : 천국 만찬
흥겨움 : 천국 여행
황홀함 : 천국 대관식
하나 됨: 어린 양 혼인예식
영화로움: 천국 예배 1
거룩함 : 천국 예배 2
이런 천국의 7단계를 음미하면 하늘의 환희와 우주의 충만함이 밀려옵니다.

단계마다 적절한 찬송과 베토벤 교향곡 9번을 들으며 상상합니다. 특히 4악장 대 합창곡은 천국 혼인 잔치와 환희의 절정을 그리게 합니다. 천국 예배엔 헨델의 메시아 곡 중 할렐루야와 대예배곡 "어린 양의 보혈"을 들으며 함께 기도합니다. 그러면 웅장한 하늘의 예배로 쉽게 들어갑니다.

마무리는 주기도 송 반주에 맞춥니다.
하늘에서 이 땅에 재파송 받는 안수 기도를 조용히 읊조립니다.

> 하늘나라가 이 땅에,
> 아버지의 뜻이 여기에,
> 복음의 제사장으로
> 이 종을 파송하여 주소서.

'위로 향하는 기도'
이 기도가 부부 항암 투병 중 항암 순례 기도드릴 때 큰 힘이 되었습니다. 고통 중에 기도할 수 있었고, 기도로 천국 예배를 드릴 수 있었습니다. 극심한 고통 중에도 천국의 환희를 맛볼 수 있었습니다.

'위로 향하는 기도' 실행 과정입니다.
초기 단계 : 찬송 및 음악을 들으며 가사를 음미하면서 나아갑니다.
중간 단계 : 음악 없이 성령님의 인도하심을 따라 하늘 성전을 그리면서 나아갑니다. 본문 설명처럼.
심화 단계 : 계시록의 저자 요한처럼 성령님께 온전히 이끌리어 환상과 황홀의 경지로 들어갑니다.

놀라운 영화와 환희의 세계

이런 경험은 흔하게 겪지 못할 일

나의 그리스도 어린 양 예수님을 바라보며

찬송의 힘으로 내 영혼을 솟구치게 하고

성령님을 힘입어 주 앞에 나가

영광스러운 하늘의 예배자로 서게 되네

영솔 3 실행

'하늘 위로'

초기 단계 : 찬송 및 음악을 따라 읊조리다 보면 천국 환희를 맛보게 하며, 누구에게라도 영화의 영적 길트기에 아주 유용합니다.

0. 나 같은 죄인 살리신 / 찬송가 305장

1. 오 거룩한 성 / 대합창

2-1. 주가 맡긴 모든 역사 / 찬송가 240장

2-2. 천국 만찬 / 밀양 아리랑 개사

3. 어린 양 혼인 잔치 /베토벤 9번 4악장

4. 천국 예배 / 헨델의 할렐루야

5. 새노래 예배 합창 / 헨델의 메시아 죽임당하신 어린 양

6. 마무리 / 주기도 송 반주를 들으며 기도합니다.

14信

침묵 기도

마더 테레사 수녀와 어떤 앵커와 나눈 대화랍니다.
"요즘 무엇을 위해 기도하시나요?" "그냥 듣지요."
"그분은 무엇을 말씀하시나요?" "그분도 듣지요."
"?"
"!"
침묵 기도의 한 일화입니다.

침묵 기도. 저에겐 듣지도 보지도 못한 경지였습니다. 하루는 한 영성학 교수가 침묵 기도를 이해하기 위한 책을 추천했습니다(이강학, 햇불 트리니티, 성경 영성학).
심오한 내용으로 가득 찼고 잘 이해되지 않아 여러 번 읽고 메모하였습니다(참고. 내면의 성, 아빌라 테레사, 요단). 이를 통해 침묵 기도의 세계를 짐작하게 되었습니다.

'침묵 기도'는 말만 멈추는 것이 아닙니다. 듣는 것도 멈추는 기도입니다. 심지어 생각조차 중지하는 기도입니다. 완전히 성령님께 내어 맡기는 기도입니다. 그중에는 '수면 기도', '고요 기도', '거둠 기도'가 있습니다.

이를 영성 3단계인 정화 조명 일치에 맞춰봅니다.
전체 7코스 중 3코스인 조명 단계부터 침묵 기도 영역이라 할 수 있습니다(참조. p. 93 그림).

정화 단계 : 은혜
  1. 통성기도
  2. 묵상기도
    침묵 기도

조명 단계 : 관상
  3. 거둠 기도
  4. 고요기도

일치 단계 : 신비
  5. 단순 일치
  6. 충만 일치
  7. 변형 일치

'침묵 기도'가 이처럼 깊고 높은 것이로구나. 수도원에서 그토록 침묵을 강조하는 걸 조금 이해하게 되었습니다. 기도 중에 가장 깊은 기도이기 때문인 것 같습니다. 나 같은 자에겐 생소하고 막막했지만, 지난 항암 순례를 다시 돌아보았습니다. 그동안 영성 기도의 길을 트고 구축한 것이 큰 힘이 되었습니다.

이를 길잡이로 더 깊은 기도로 나아갈 수 있었습니다. 십자가로, 내 안으로, 저 위로 향하는 기도, 이런 영성 기도의 길이 항암 중 나의 기도를 곁길로 나가지 않게 하였습니다. 기도의 정도로 갈 수 있게 하였습니다. '영성 기도 필그림'이 영성 기도의 좋은 길잡이가 되었습니다. 이제 뒤돌아보니 나도 모르게 '수면 기도', '거둠 기도', '고요기도'로 나아갔던 것을 깨닫습니다.

이 성령 기도 길잡이로 영성의 길을 터 나가니 침묵 속에 울리는 주님의 소리를 들을 수 있었습니다(6信 시 '각성' 중에서). 항암 투병 중 그 깊은 어둠 속에서 들렸던 주님의 긍휼 말씀, 그 포근한 감쌈, 지금도 잊지 못합니다.

"저의 신음까지 듣다니요. 저도 듣겠습니다."

"주님도 듣고 계시네요."

"서로의 침묵 속에 말없이 들으시는 나의 하나님!"

은밀한 중에 계신 주님, 은밀한 중에 보시고 은밀한 중에 들으시는 주님, 은밀한 중에 갚으시는 주님. 은밀하게 나눈 기쁨, 그 신비한 신앙 체험, 놀랍고 놀랍습니다.

항암을 통해 죽을 맛 여러 번 겪었습니다. 그때마다 침묵으로 함께 하신 주님이셨습니다. 때로는 침묵이 그 어떤 것보다 더 큰 사랑으로 다가왔습니다. 말없이 나를 꼭 껴 안아 주신 주님이셨습니다. 그 품에 안겨 주님의 심장 소 리, 그 사랑의 맥박 느꼈습니다. 이 얼마나 놀라운 체험인 지요. 깊은 어둠 속에 흐르는 자비의 강이 내 안에 흐르 고 있었습니다. 그 생수를 마셔 본 정금 같은 신앙 체험, 지금도 생생합니다.

언어로 표현된 것은 기껏 30% 정도요, 비언어로 표현 되는 것이 대부분이랍니다. 침묵은 하나님의 큰 언어입니 다. 인간의 언어는 창세 이후부터 시작되었습니다. 침묵 기도는 놀라운 신비입니다. 죽음의 경계선에 선 자들이 맛 보는 신비입니다. 침묵 기도는 자기 죽음의 기도입니다. 옛사람도 언어도단(言語道斷)이라 했다지요. 언어가 끝나 야 진정한 진리가 시작되고, 비로소 황홀한 진리와 소통하 나 봅니다. 혼돈, 흑암, 공허를 품고 계시는 성령님. 침묵 중에 비로소 성령님과의 소통으로 깊은 하나님의 원초적 세계를 맛볼 수 있다니!

성령님께 온전히 이끌림을 받을 때 내 안에 진정한 종 심(從心)이 이루어집니다. 성령님께서 내 마음을 이끌어 가시니 그 어디나 하나님 나라입니다. 그 무엇을 하든지 하나님의 뜻이 됩니다. 은밀한 중에, 침묵 중에 풍성한 성 령님의 은혜가 퍼부어진다고 상상해 봅니다. 침묵의 신비 를 인정하니 영적 희망이 솟구칩니다(롬 8:14, 행 1:8).

창세기 첫째 날을 거슬러 묵상하니 창조의 세계 그 너머 어두움, 그 너머 원초적 침묵의 세계가 그려집니다. 태초 이전 삼위 하나님 사랑의 모습, 영광스러운 자리로 우리를 초청하시는 주님의 기도를 듣습니다.

"아버지여
내게 주신 자도
나 있는 곳에
나와 함께 있어
아버지께서 창세 전부터
나를 사랑하시므로
내게 주신 나의 영광을
그들로 보게 하시기를 원하옵나이다" (요 17:24).

남은 삶 하루하루 허투루 보낼 수 없습니다.
심령이 가난한 자로 주님의 침묵을 배우렵니다.
"듣지요."
"그분도 듣지요."
이런 신앙 경지 바라며
더 겸손하게,
더 간절하게
온전히 성령님께 이끌림을 받고자 합니다.

주여!

70대를 헤쳐 나가며 온전히 성령의 이끌림 받기를
원합니다.

진정한 '從心 목회' 이루게 하소서(롬 8:14).
경청하는 신앙, 영혼의 양들, 그 신음을 듣는 목자로
살게 하소서.

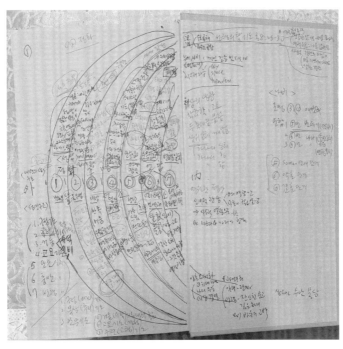

아빌라 테레사
<내면의 성> 읽고서 7단계로 정리
변형용

15信

하늘 문을 여는 기도
일명 '하늘 문 열기'

'성령 기도 길트기'는 성령님을 의지해서 기도 길트기에 주안점을 둔 기도입니다. 이 성령 기도의 정점은 하늘 문을 여는 데에 있습니다(존 번연, 하늘 문을 여는 기도, 브니엘).

하늘 문을 여는 기도라 하면 생소하거나 신비하게 여겨질지 모릅니다. 그렇지 않습니다. 이는 히브리서 저자가 강조한 은혜의 보좌 앞으로 담대히 나아가는 기도를 말합니다(히 4:16). 하늘 문을 여는 기도, 그 핵심 열쇠는 바로 주님의 보혈입니다(앤드류 머레이, 하늘 문 여는 기도, p250. 하늘 비밀 여는 열쇠, 십자가).

하늘 문 여는 기도를 단계별로 구분해 봅니다.

첫째로, 십자가 밑에서 정화 기도로 하늘 문 여는 기도를 드립니다. 이때 십자가로 자유로움을 맛봅니다.

둘째로, 속죄소 보혈 아래로 나아가 하늘 문 여는 기도를 드립니다. 성령님을 의지해 성화 기도를 드립니다. 이때 하늘의 평화를 누립니다.

마지막 셋째로, 성령님께 이끌려 보좌 우편의 어린 양 주님을 만납니다. 온 우주를 어린 양의 피로 정결케 하시는 만유의 주, 보좌 우편의 내 주님을 만나는 상상을 맘껏 합니다(히 9:23-26, 엡 1:10, 행 7:56). 이어 하늘 예배를 상상하며 영화로운 새 노래를 경청합니다. 이때 우주적 예배의 환희를 맛봅니다.

그 후부터는 점차 침묵에 더 깊은 침묵에 잠기는 기도를 드립니다(계 5:9-11).

이를 총체적으로 '하늘 문을 여는 기도'라 합니다. 어느 단계이든지 주님의 보혈을 의지해야 합니다. 그래야 자기 체험에 머물다 곁길로 가지 않고 영적 정도로 나아갈 수 있습니다. 하늘 문을 여는 기도가 점차 습관화될 때 그 마음에 늘 하나님 나라가 살아 있게 됩니다. 주님의 기도가 나의 기도가 됩니다(마 6:9-13).

십자가 밑에서 : 정화기도

첫째, 속 털기로 주님께 맡김 기도를 드립니다.

둘째, 십자가 밑으로 나아가 흐르는 피, 물, 땀, 눈물을 연상하며 온몸을 적시는 상상을 합니다. 이를 일명 제단 기도라고도 합니다(존 번연, 하늘 문을 여는 기도).

셋째, 십자가의 칠언을 연상하며 경청합니다. 그중 용서의 기도, 버림받고 저주받는 기도, 다 이루었다 하신 승리의 기도, 영혼까지 맡기신 기도를 경청하며 묵상하면 더 큰 은혜가 밀려옵니다.

넷째, 십자가를 붙들고 하나님의 심장을 느낍니다.

"또한 그로 말미암아 우리가 믿음으로 서 있는 이 은혜에 들어감을 얻었으며 하나님의 영광을 바라고 즐거워하느니라" (롬 5:2).

"너의 하나님 여호와가 ~그가 너로 말미암아 기쁨을 이기지 못하시며~ 너로 말미암아 즐거이 부르며 기뻐하시리라" (습 3:17).

이런 나를 보시는 하나님의 얼굴을 연상하며 자유로움을 누립니다.

"너는 하나님을 바라라 그 얼굴의 도우심을 인하여 내가 오히려 찬송하리로다" (시 42:5).

속죄소 아래서 : 성화기도

"하물며 영원하신 성령으로 말미암아 흠 없는 자기를 하나님께 드린 그리스도의 피가 어찌 너희 양심을 죽은 행실에서 깨끗하게 하고 살아 계신 하나님을 섬기게 하지 못하겠느냐" (히 9:14).

첫째, 성령님께 내 생각, 계획, 책임 등 내맡기고 내 마음의 성전 안 지성소로 인도함을 받습니다. 내주하시는 삼위 하나님의 위로와 환영을 연상합니다.

둘째, 내 마음속 언약궤를 상상하며 그 앞에서 성령님이 들추어내시는 속 깊은 죄를 고백합니다. 깊은 불신(만나), 영적 교만과 이기심(지팡이), 십계명과 새 계명에 어긋난 불순종의 죄(계명)를 고백합니다.

셋째, 속죄소 은혜의 보좌로부터 흘러나오는 자비와 은혜를 덧입습니다.

넷째, 주님과 하나 됨의 기쁨과 하늘의 평안을 누립니다. 속죄소가 황금마차로 변해 천사의 날개가 펄럭이며 그 좌우에 천군 천사들이 하늘로 오르는 상상을 합니다. 하늘의 영광 속으로 빨려 들어갑니다.

보좌 앞으로 : 환희의 영화 기도(계 5:9-14)

첫째, 성령님께 온전히 이끌림을 받습니다. 내 생각조차 내려놓습니다.

"주의 날에 내가 성령에 감동되어~" (계1:10).

둘째, 복음의 능력 7가지를 음미하며 하늘의 새 노래를 경청합니다(능력, 부, 지혜, 힘…).

"죽임을 당하신 어린 양은 능력과 부와 지혜와 힘과 존귀와 영광과 찬송을 받으시기에 합당하도다" (계 5:12).

셋째, 영광의 복음(하늘의 존귀, 영광, 찬송)의 황홀함과 환희에 빠집니다.

"보좌에 앉으신 이와 어린 양에게 찬송과 존귀와 영광과 권능을 세세토록 돌릴지어다 하니 네 생물이 이르되 아멘 하고 장로들은 엎드려 경배하더라" (계 5:13, 14).

넷째, 수면 기도, 침묵 기도에 들어갑니다. 깊은 침묵, 고요기도, 수면 기도로 삼위 하나님의 임재를 경험합니다.

16信

나의 신앙 성찰, 영성 주소

구원, 성화, 영화. 이 세 가지가 기독 신앙의 큰 뼈대입니다. '신앙'은 믿음과 구원에, '영성' 하면 체험과 변화에 초점을 맞추는 걸로 압니다.

영성 주소를 탐색하기 전 먼저 내 구원의 체험을 추적해 보렵니다.

"내가 피를 볼 때에 너희를 넘어가리니" (출 12:13).

이 말씀을 통해 구원의 확신을 분명히 했습니다. 구원의 확신 근거는 감정과 의지가 아니라 하나님의 약속이어야 함을 영접했습니다. 이런 굳건한 구원의 확신으로 대학 청년 시절 흔들림 없는 신앙생활을 했습니다.

이런 구원의 확신은 구원의 안도감을 주었습니다. 하지만 영적 '선민 의식화'에 머물기 쉬웠습니다. 구원의 첫사랑이 식자 점차 신앙이 굳어져 갔습니다. 예수님 자체에 관심이 소홀하게 되었습니다. 그러자 영적 성장이 멈췄습니다. 이런 신앙 스타일이 캠퍼스 전임 사역자로 부름을 받은 후 개인 신앙의 문제점으로 드러났습니다. 열정적으로 헌신해도 예수님과의 인격적 사귐이 약했습니다. 나의 예수님을 잘 몰랐습니다. 뒤늦게야 이를 알아차렸습니다.

그때부터 예수님을 더욱 알고자 하는 영적 소원을 위해 몸부림쳤습니다.

"예수 더 알기 원함은 크고도 넓은 은혜와-"(찬송가 453장).

이 찬송이 저의 기도였습니다.

로마서를 공부하고 가르치면서 바울의 구원관에 눈뜨게 되었습니다.

"하나님의 은혜로 값없이 의롭다 하심을 얻은 자 되었느니라" (롬 3:24).

'의롭다 하심'이란 영적 관계 회복입니다. 곧 존재 자체가 변화되어 하나님의 자녀가 된 것을 말합니다. 내가 하나님의 자녀가 된 것은 오직 은혜, 오직 믿음입니다. 이 복음의 핵심을 깊이 영접하게 되었습니다. 죄를 용서받고 자유로움 얻는 구원, 이 얼마나 놀랍습니까. 이보다 하나님의 자녀로 존재 자체가 변화된 것이 내겐 더 깊은 복음이 되었습니다.

이제 신앙 성장과 제자 훈련에 대해 성찰해 봅니다. 내 안에 남아 있는 죄성은 어떻게 되는 건가? 어떻게 하나님의 자녀답게 살 수 있는 건가? 하나님의 자녀답게 살고자, 열매 맺는 목자가 되기 위해 몸부림쳤습니다. 선교단체에서 철저히 순종 훈련을 받았습니다. 또 그렇게 제자 훈련을 시켰습니다. 이를 위해 청춘과 생명을 드리는 걸 아까워하지 않았습니다.

이런 믿음의 순종을 가르치는 제자도(弟子道)가 상당한 유익을 줍니다. 단체 성장을 위해서 좋은 제도이기도 합니다. 하지만 성숙보다는 훈련에 더 치중하기 쉽습니다. 좋은 제자 양성을 위해선 우선 가르치는 자가 신앙적으로나 인격적으로 성숙해야 합니다. 그렇지 않고 단기 훈련으로 성경적 권위로 인위적인 제자 훈련을 하다 보면 성경 이외의 무서운 독성이 스며들곤 합니다. 성경 말씀이나 예수님보다 단체의 아이덴티티와 우월감을 앞세우곤 합니다. 성령님의 인도하심보다 공동체성을 강조하다가 개인의 인격을 무시하기 쉽습니다. 그릇된 조직 양심으로 맹목적 충성심을 심을 수도 있습니다. 제자도는 Doing에 효과적일 수 있습니다. 제 경험상 Being에 기초한 개인의 신앙 성숙에는 그 효과가 미지수입니다. 이런 것들이 젊을 땐 잘 드러나지 않습니다. 인생 중후반부터는 그 삶과 인격과 신앙에 현격한 차이가 드러납니다.

뒤늦게 영성에 눈뜨고 나서 지금껏 해 온 제자 양성을 성찰하게 됩니다. 지난날 저의 제자 양성을 돌아보니 안타까움과 미안함이 스멀스멀 떠오릅니다. 옛 제자들에게 송

구스러울 따름입니다. 이제 수정 보완해야 할 점이 하나씩 보입니다. 이제라도 한 제자를 하나님의 자녀답게 살게 하는 성숙한 제자 양성을 하고 싶습니다. 미션에 영성을 더해 성화와 영화로 이어지는 제자 양성을 하고 싶습니다. 기독 영성이란 성숙한 신앙을 위해서 개개인의 성화에 초점 맞추는 것입니다. 복음을 개별적으로 체험하고 변화 받게 하는 것입니다. 시간이 걸리더라도 성숙한 크리스천 되게 하는 것이 목표입니다. 좋은 나무가 되어야 좋은 열매를 맺을 수 있듯 제자 양성도 마찬가지입니다. 일반 제자도와 구별하여 이를 '성령 제자 양성', '영성 제자 양성'이라 부르렵니다. 오직 온전한 믿음(롬 1:7, 히 10:22), 오직 義의 삶(마 5:10-14), 오직 경건한 예배(히 4:16). 信 義 敬, 이 셋이 영성 제자 양육의 영적 뼈대라 할 수 있습니다.

지금껏 나의 신앙과 제자 양성을 추적 탐색해 보았습니다. 이제부터 나의 영성을 성찰해 보렵니다. 저의 영성 주소를 알아보렵니다. 이 시대를 영성 시대라고 일컫습니다. 그렇기에 영성의 영역은 상당히 포괄적입니다. 그런 만큼 그 정체성과 주소를 분명히 밝힐 필요가 있습니다. 제 영성은 일단 성경 말씀을 바탕으로 하기에 '성경 영성'이라 할 수 있습니다. 철저한 성경 말씀 묵상과 십자가 복음의 은혜를 체험하는 것입니다. 그 후 그리스도를 예배하고 경건한 삶을 추구하는 신앙입니다. 체험이 확실하더라도 성경 말씀으로 검증하고 성경 말씀에서 찾지 못하면 멈추는 영성입니다. 이런 자세가 성경 영성의 기본 철칙입니다.

영성학자 산드라 슈나이더스는 기독 영성을 삼위일체에 근거해 정의했습니다.

"성경 영성은 성경 말씀 묵상을 통해 성령님으로 복음을 체험하는 것이요, 그 후 예수님 형상으로 변화하여 하나님 사랑으로 연합하는 것이다."(이강학, 산드라 슈나이더스의 성경 영성). 산드라 슈나이더스의 '삼위일체 영성'을 예배의 축도를 따라 분류해 봅니다.

"주 예수 그리스도의 은혜와 하나님의 사랑과 성령의 교통하심이 너희 무리와 함께 있을지어다" (고후 13:13).

이 축도에 따라 삼위일체 영성을 정의했습니다. 첫째, '그리스도 영성'은 예수 그리스도 구원의 은혜를 덧입습니다. 복음을 체험한 후 내적 변화를 덧입기까지 성장하는 것이요, 그 후 예배와 경건한 삶을 추구하는 것이 그리스도의 영성입니다.

둘째, '하나님 영성'은 창조주 하나님의 사랑을 중심으로 하기에, 창조 영성, 자연 영성입니다. 신앙과 삶이 풍요롭고 자유스럽습니다.

셋째, '성령 영성'은 성령님과의 교제를 중심으로 하기에, 내적 영성과 치유 영성을 추구하게 됩니다. 공동체를 세우고 영성의 깊이를 더해가며 신앙 성숙으로 나아가게 됩니다.

'성령 영성'이 영성의 호흡과 같다면, '하나님 영성'은 영성의 몸과 같습니다. 여기에 '그리스도 영성'은 영성의 척추뼈요 혈관과 같습니다. 이런 삼위일체 영성을 제대로 이해하고 바로 세울 때 영성의 건전성과 풍성함을 유지할 수 있습니다. 성숙한 개인 신앙에만 머물지 않게 됩니다. 공동체성과 목회와 사역을 한 단계 높일 수 있고, 사역에 영성을 더해갑니다. 특히 '그리스도 영성'의 맥은 바울의 그리스도론을 잇고 있으며, 사막 영성가들이 그토록 추구했던 영성이기도 합니다.

이런 '삼위일체 영성'으로 나의 영성 주소를 좀 더 깊이 성찰해 봅니다(참조. p. 106 성령 기도길 요약도).

제 영성의 뿌리는 성경과 십자가 복음입니다. 십자가 보혈로 온전한 은혜를 덧입습니다(정화, 精化). 그 후 성령님을 의지하여 내 안의 속죄소 보혈로 거룩함을 덧입습니다(성화, 聖化). 궁극적으로 성령님을 힘입어 하늘 보좌에 계시는 어린 양 보혈로 영광스러운 하나님 나라(영화, 榮化)로 나아가는 것입니다. 이처럼 그리스도를 예배하며 경건한 삶을 사는 것이 제 신앙의 목표입니다. 나의 영성 주소는 한 마디로 '그리스도 영성'이라 할 수 있습니다. 이를 뼈대로 삼위일체 영성으로 나아갑니다.

삼위일체 영성을 창공에 나는 독수리에 비유해 봅니다. 그리스도 영성을 독수리의 머리와 눈이라면, 창조주 하나님의 영성, 성령 영성은 좌우 날개에 해당합니다. 그리스도 영성을 뼈대 삼아 위를 바라보며 예배로 나아갑니다

(히 4:16). 아울러 성령님의 사귐의 영성으로, 창조주 하나님 사랑의 영성으로 넓혀갈 때 우리의 신앙이 풍성하게 됩니다(엡 5:19). 우리가 성경에 깊이 뿌리를 두고 건전한 기독 영성을 지향할 때 우리의 신앙과 삶이 더 깊어지고 더 충만할 것을 믿습니다. 미션에서 영성으로까지 나아갈 때 아름다운 영성의 꽃이 만발할 것입니다. 풍성한 성령의 열매가 맺힐 것을 믿습니다(갈 5:22, 23).

주여!
한국 교회와 선교단체 신앙 선배님들의 그 신앙과 삶이 얼마나 아름다운지요.
그 노후의 삶 또한 더 무르익어 위의 것을 사모하며 그리스도의 향기로 품위 있고 아름다운 향취가 나게 하소서.
은퇴 후에도 후배들과 성도들의 등대요 세상의 빛이 되게 하소서.
민족의 아버지로, 목자로 서게 하소서.
'미션에서 영성으로', '영성에서 미션으로',
이런 영성 사이클이 각 신앙공동체에도 구축되게 하소서.
그리하여 그리스도에게까지 자라나는 영성 공동체로, 3대가 함께 하는 평생 공동체로 성숙 되게 하소서.

이렇게 저의 신앙과 영성 주소를 성찰하여 찾아 세웁니다.

이제 사막 영성가의 심호흡이 느껴집니다. 십자가에서
하나님의 심장과 맥박이 느껴옵니다. 하늘길이 보이고 하
늘 문이 열립니다.

"그리스도로 호흡하라."

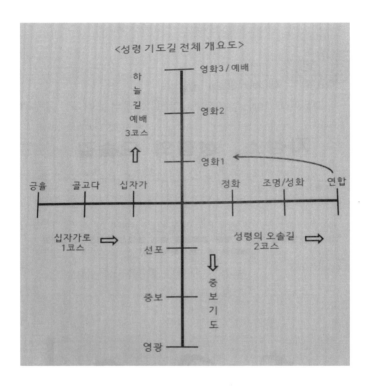

<성령 기도길 전체 요약도>
변형용

17信~19信

순례 여행

17信

산티아고 순례

"칠순은 從心(종심)이라.

맘껏 여행하자. 여행 중 최고는 순례 여행." 이렇게 노래하곤 했습니다. 칠순이 되자 기념 여행을 계획했고, 스페인 산티아고 순례길을 선택했습니다. "이왕이면 부부 자유여행으로 하자." 늦깎이 자유여행이라, 우리 부부는 몇 개월을 기도하며 현지를 파악했습니다. 치밀하게 준비하고 예약하고 몸 상태도 점검한 후 비행기를 탔습니다. 붕 떴습니다.

웬걸, 마드리드 공항에 내리자마자 난관에 부딪혔습니다. 싼값에 예약한 숙소 그 골목길을 찾는 것, 명절이라 기차를 놓친 것, 유심칩에 문제가 생겨 와이파이가 안돼 통신두절된 것 등 예상하지도 못한 사건들이 연이어 터졌습니다.

그때마다 합심 기도했습니다. 그러자 더 좋은 길이 열

렸습니다. 가성비 좋은 숙소, 세계 젊은이들과 함께 묵는 유스호스텔. 바로 옆에 스페인이 자랑하는 프라도 미술관이 있지 않나. 마침, 백 주년 특별전시 관람이라니. 상상하지 못한 새 일들이 펼쳐졌습니다. 길이 막히니 새 길이 열렸습니다. 계획이 뒤틀리니 더 좋은 스케줄이 짜졌습니다. 대개 운전이나 여행 중엔 그 본색 나타난다고 합니다.

하지만 이런 새 일들이 펼쳐지니 우리 부부 서로를 탓할 필요가 없었습니다. 실패를 두려워할 것도 없었습니다. 합심 기도만 하면 되기 때문입니다. 이제 기대 반 설렘 반으로 순례길 마음 준비하게 되었습니다. 800km 넘는 풀 코스보다는 우리에게 맞는 코스를 찾았습니다. 마드리드에서 두세 시간 거리에 있는 사리아에서 출발해 종착지 산티아고로 가는 마지막 100km 구간을 택했습니다.

부부 순례이니 '함께', '따로' 원칙을 정해 각기 걷기도 타기도 하며 맞춤형 순례길을 걸었습니다. 첫 구간은 나 홀로 사리아에서 포르토마린까지 25km를 순례자로 걸었습니다. 너무 감격스러웠습니다. 구간 종착지에 다다르자 아름다운 포르토마린 강이 보였습니다. 갑자기 시상이 떠올라 단숨에 시를 썼습니다(2019.5.19).

동행자

한 발짝 내딛다
천년이나 숨겨졌던 길

109

수백 년 동안
순례자에게만
보였던 그 길
삼삼오오 걸으며
다양한 언어로 얘기한다
서로 지나칠 때면
한 언어로 인사한다
부엔 까미노 부엔 까미노
온 세계가 길동무다

점점 말소리 들리지 않고
띄엄띄엄 줄지어 걷는다
찔끔찔끔 비 뿌려
저마다 우비 덮어쓰니
검은 사제 따로 없네
언어 닫히니 명상 열리고
혼자되니 찐 동행 시작되다

사도 야고보님
땅끝까지 내 증인 되리라
주님 선교 명령 순종하여
이 길 처음 걸었던 기분 어땠어요

성령님이 함께하신다니
처음엔 두려움 반 호기심 반
땅끝 전도 실패하고

아무런 열매 없이
되돌아가는 이 길
꿀꿀했지 암
베드로 요한 잘나가는데
이게 뭐람
나도 수제자인데
쓸쓸하고 참담했지
느즈막 개척자 자네도
이런 내 맘 알겠지

그럼요
이 길이 그런 길
사역 실패해 되돌아간 그 길
고국 가선 첫 순교자
그 시체 조개배 태워
실패한 선교지 산티아고로
무덤조차 잊혀져
천년의 한 서린 그 길

아니 아니 아니네
보좌 우편 주님은 날 품고
칭찬해 주셨지
사도 중 첫 순교자라며
영광의 면류관 부름의 상까지
이렇게
수많은 실패자들

17信. 산티아고 순례

걷고 치유받고 가는
순례길 될 줄은 몰랐지
사도 중 유일하게 내 이름 건
산티아고 순례길
성 야고보의 길 말일세
실패 비움 죽음으로
하나님께 영광돌릴 길
있다하신 주님 말씀대로
이 길은 목자의 길
실패한 사명자들 위로받고 치유 받는 길
이 길은 비움의 길
내려 놓음 순교의 길

부엔 까미노
지나가는 순례자 인사말
긴 명상 깨운다
갑자기 훅 느껴지다
한 걸음 한 발짝 발바닥 고통
배낭 짐 무게조차
귓가엔 순례자가 던진 한마디 맴돌다
수백 킬로 걷다보면
신발은커녕 눈썹마저 무겁지요
하지만 한 번 걷고나면
다시 안 온 사람 거의 없다네요
무거웠던 마음의 짐
벗겨지니깐요

부슬부슬 비 뿌리고
발이 천근만근
생각조차 무겁다
한 발짝 내디디며
절뚝절뚝 걷는다
낌새 이상해 뒤돌아보니
아무도 보이지 않는데
누군가 동행하는 느낌
조용히 귀 기울인다
주님이신가

짐까지 지고 걷느라
수고가 많구나
그냥 내게 맡기고
빈손 빈 마음이면
가볍고 자유로울 걸
한 끼 아낀다고 먹을 것까지 챙겼으니
쯧쯧쯧쯔
이스라엘 사십 년 광야길
구름 기둥 불기둥 만나로
하루도 잊지 않고 인도하지 않았던가
야고보 순례길에도 함께 했듯
자네 순례길 또한 이렇게 동행하고 있잖는가
발바닥을 보게나 신발 밑창 깔창을

긴 코스 끝이다
와 저기 푸르른 포르토마린 강 보인다
신발 양말 벗고 보니
그렇게 아프던 발바닥
물집 하나 없다
멀쩡하다
쑤시던 몸조차 가볍네
어느새 또 걷고 싶다

순례길
어디 여기뿐이랴
그 어디나 순례길
홀로 걷는 그 길
주님 동행하시니
무거운 짐 다 내려놓고
다시 걸을 그 길
천국 순례길

18信

남도 영성 순례

산티아고 순례를 다녀온 뒤 국내에서 영성 순례지를 찾았습니다. 태백의 예수원, 강원도 하늘길 수도원, 파주의 은성 수도원, 양평의 모새골 수도원을 탐방했습니다. 그러던 중 엄두섭 목사님이 쓰신 영성 서시를 보게 되었습니다(개신교 수도사, 은성 수도원 설립).

맨발의 성자
이현필 선생(1913-1964)을 기리며

엄두섭 목사(1919-2016)

당신은 아시나요
한국의 맨발의 성자를
섬진강 굽이굽이

115

맨발로 걸으며
눈 덮인 지리산
마루에 서서
그리스도 십자가 보혈
그 사랑 밀려와
아 십자가 아 십자가
감격해 부르며
흐느껴 통곡하던 님

지리산 솔밭 갈대밭 속
한번 엎들면 꿈쩍 않으니
송장인 줄로
까마귀 까아까악
쿡쿡 찍을 때까지
잔등에서 흰서리 덮이고
수염엔 고드름 달린채
밤새워 목숨 걸고
기도하던 님

한 마리 잃은 양 위해
거지같은 헌옷 맨발로 걸식 탁발
주님 가신 길이라면
태산준령 험치 않소
노래하며
삼십리 오십리 산길
지치는 줄 모르고

걸어간 거룩한 전도인

눈 오는 밤이면
배고프고 헐벗은
겨레의 가련한 얼굴들
자꾸 머리에 떠올라
조끼 없이 맨 저고리
엷은 바지 불도 때지
않는 방 요도 없이 앉아계시다
추위에 주린 자 찾아 돌봐주던
따뜻한 사랑의 사도

더럽고 냄새나는
거지굴 속에 칠성판을 깔고 누워서
거지들과 함께 어울려
그리스도 사랑 나누던 님

사진 한 장 쓸만한 것 남기지 않고
마지막엔 내가 죽거든 관을 쓰지 말고
거적대기에 싸서 평토장 해달라
유언 남기시고
하늘로 훌쩍
올라가버린 님

아 오늘 같은
영혼의 깊은 밤중엔

117

맨발의 성자 그 님이
사무치게 그리워집니다
아무리 찾아봐도
님과 같은 이는 볼 수 없어
거슬러 거슬러
영혼으로 님을 찾아 나섭니다

이 영성 서시에 감동하였습니다. 남도 영성 순례길로 마음이 끌려 우리 부부는 자가용으로 출발했습니다 (21.4.18-21). 서울에서 남원 동광원 수도원을 먼저 들렀습니다. 이현필 선생의 직제자인 할머니가 원장으로 계셨고, 남녀 따로 공동생활을 하고 있었습니다. 그들과 함께 낮 예배를 드렸습니다. 산 중 공동체를 이루며 지금껏 영적 스승의 신앙 뿌리를 지키는 그들의 신실한 신앙을 보았습니다. 기념관에서 당대 유학자며 성서 대가인 유영모 선생님과도 교류가 있었던 사진도 보았습니다. 맨발 성자의 자취와 깊은 영성의 정취를 느꼈습니다.

이어 남원에서 화순으로 갔습니다. 이현필 선생의 스승이신 李空 이세종 선생의 생가와 기도처가 있는 곳입니다. 생가는 전라남도 문화재로 보호되고 있었습니다. 기도처는 뒷산 천태산 계곡에 있었는데 영성에 깊은 관심을 두는 자들만 찾는 것 같았습니다.

李空의 빈자리

일계 변형용(2021.4.20.)

머슴살이 한푼 두푼
티끌 모아 재산 불려
소문난 화순 부자라

늦은 나이 주님 만나
그 기쁨 어찌할 바 몰라
못 낳은 자식 문제 내려놓고
삭개오처럼 퍼주고 비워
빈털털이 청빈한 삶
李空이라 하였네

성경 학당 만들어
허기진 영적 목마름
성경을 들고 파고
영생의 샘물로 마시니
맑디 맑은 영혼
李公 큰 어른 되셨네

뒷산 천태산 바위 닳도록
밤낮으로 기도하니
그 영력 솟대 등불되어
사방 팔방 비추어

　　　　　　　　　　화순을 넘어
　　　　　　　호남의 빛 조선의 빛
　　　　　　　　세상의 빛으로

　　　　　　　　비움의 영성
　　　　　　그 향기 뒤늦게 맡고서
　　　　　　뒷산 자락 찾아가보니
　　　　이공 기도집 외롭게 서서
　　　지각생 기도자 맞이하네

　　　　　　　조심스레 들어가보니
　　　　　　　빈 방엔 오래전
　　　　　　　영성 세미나 흔적
　　　　　　　원고 뭉치 남아
　　　　　　먼지만 쌓였을 뿐
　　　　　　기도자 밀쳐내네

　　　　　　　　옷깃 여미고
　　　　　　인근 바위 걸터 앉아
　　　　속털기 비움기도 드리니
　　　　　이공이 함께 했나
　　　　　팔복의 노래가락
　　　　　내 맘에 울려오네
　　　　심령이 가난한 자
　　　　　복이 있나니
　　　천국이 저희 것이라

* 화순 동광리 李空 이세종 선생
기도터 방문하고서

마지막으로 화순에서 여수로 갔습니다. 손양원 목사님의 흔적을 찾아 애양원을 들렀습니다. 이곳은 여러 번 왔던 곳이라 친숙했습니다. 액자에 쓴 것처럼 손 목사님의 목양 일념(牧羊一念)과 나환자를 향한 목자의 심정이 깊이 와 닿았습니다. 무엇보다도 유학 갈 두 아들을 동시에 잃고도 감사 제목 아홉 가지를 찾은 것, 자기 아들을 죽인 빨갱이를 양아들 삼아 목회자로 키운 사랑에 고개가 숙어졌습니다.

이어 애양원 병원에 들렀습니다. 당시 미국 명문대 출신 의사 선교사들이 이름도 모르는 이 나라에 와서 자신을 던진 희생정신에 눈시울이 붉혀졌습니다. 예수님, 그 사랑 때문에 버려진 나환자들을 위해 자신의 모든 것을 버린 위대한 믿음의 선배들, 그들의 영성의 향취를 듬뿍 마시고 돌아왔습니다. 남도 영성은 섬진강처럼 큰 물줄기로 지금도 흐르고 있습니다.

엄두섭 목사님의 마지막 인터뷰. 그 회한의 고백이 마음에 울렸습니다.

"청년 대학생들에게 미션에 영성을 심지 못한 것, 또 수도원 짓는데 너무 힘쓰다가 독수(獨修, 주님 앞에 홀로 기도하기)를 소홀히 한 것. 이 두 가지 아쉽다. 아쉬워"

이 회한의 인터뷰를 되새기며 내 마음을 다잡았습니다.

19信

사막 영성 순례

‘사막 영성’이란 것을 처음 안 것은 막 서울로 이사 온 그 해(2003), 헨리 나우웬의 『사막의 영성』이란 책을 읽고서였습니다(신현복 역, 아침 영성원).

“떠나라”,
“침묵하라”,
“끊임없이 기도하라.”

이 세 마디가 울림을 주었습니다. 안타깝게도 그땐 이를 소화하기에 역부족이었습니다. 그래도 이 책은 기독교 영성의 원류를 찾도록 좋은 길잡이를 해 주었습니다.

이집트 사막을 영성 기원의 터가 되게 한 것은 성 안토니우스였습니다(251-356). 그는 87년 동안, 사막 영성 수도(修道)로 그리스도인의 삶의 모범이자 신앙과 사랑이 육화된 사람이었습니다. 북아프리카 영적 지도자였던 제자 아타나시우스가 그의 신앙과 사막 순례의 삶을 집필했습니다(사막의 안토니우스, 허성석 역, 분도출판사).

성 안토니우스는 철저한 성경 바탕에 십자가와 부활을 통한 그리스도 중심의 영성가였습니다. 이런 대 스승의 그리스도 영성을 이어받은 제자 중 하나가 카이로 감독이었던 아타나시우스였습니다. 그는 당시 대세였던 아리우스파와 순교적인 영적 전투를 하였습니다. 드디어 기독교 정통 신학의 수호자로, 삼위일체를 기독교 정통 신학으로 자리매김하게 했습니다. 그 원동력은 영적 사부인 사막 영성의 대부 성 안토니우스의 신앙과 삶이었습니다.

뒤늦게 알고 보니 그 수도원은 이집트 수에즈 운하 인근에 있었습니다. 제가 30년 전, 선교단체 책임 간사로 중동 선교사들을 돕던 시절, 택시로 그 옆을 지나면서도 그냥 지나치고 말았던 곳이었습니다. 그때는 영성 분야에 별 관심이 없어서였습니다.

때가 되면 이집트 사막 영성의 흔적을 순례하고자 했습니다. 성 안토니우스의 흔적인 사막의 영성 코스 거쳐, 교부 아타나시우스의 흔적이 있는 카이로와 알렉산드리아, 그리고 성 어거스틴의 흔적이 있는 아프리카 북부, 이런 사막 영성 순례 코스를 마음속에 그렸습니다. 이스라엘과

요르단 성지 순례를 몇 번이나 했기에, 사막 영성 순례까지 하면 여한이 없을 것 같았습니다.

이렇게 순례 여행 준비를 구상하던 중, 코로나로 온 세계가 여행이 정지되었습니다. 그즈음(2021-2022년). 저희 부부는 동시에 항암 투병을 해야 했습니다. 주님께선 저희 부부를 사막 영성 순례보다 더 혹독한 광야로 몰아넣으셨습니다. 항암 순례로 죽음과 맞닿은 경계선에 맞서게 하셨습니다.

그때 침묵 기도로 아주 잠깐이나마 삼위일체 하나님의 사랑을 체험케 하셨습니다(요 14:23).
어둠의 각성을 통해 창조의 신비와 십자가 구원의 신비를 맛보게 하셨습니다(창 1:2, 마 27:45, 46). 흑암 속에 흐르는 긍휼의 사랑에 머물게 하셨습니다. 항암 순례를 통해 영광스러운 사랑의 세계로 이끌어 가셨습니다(요 13:34; 17:24).

부부에게 닥친 극심한 고난을 통해 진정한 사막 영성 순례를 경험케 하신 주님을 찬송합니다. 사막 영성가들의 외침이 들리는 듯합니다.

"그리스도로 호흡하라!"

20信~21信

영성 각성

20信 1

어두움 각성

부부 동시 항암 투병 중 깨달은 영적 각성을 떠올려봅니다(2021.12-2022.08).

성경적 '어두움과 빛', '성령의 인격', 이 두 가지를 성경적으로 각성한 것 생각만 해도 뿌듯하고 가슴 벅찹니다.

먼저 '어두움'에 대한 성경적 각성입니다.

우리 부부의 암 발병 소식을 듣고 놀란 성경학자인 한 선교사가 미국에서 위로와 함께 과제를 주었습니다.

"내가 평생 풀지 못한 신학 과제가 있네. 자네 부부가 지금 처한 상황이 안타깝지만, 한편으로 이런 신학적 과제를 풀 수 있는 적기라 생각되네. 투병을 통해 깨닫게 되면 공유해주게나."

그 신학적 과제입니다.

v 어찌하여 하나님은 어두움을 창조와 생명의 모태로 삼았는가?

v 어찌하여 하나님은 어두움 속에서 십자가로 구원을 이루셨는가?

v 그렇다면 성경적 어두움이란 무엇인가?

이 질문을 안고 고통 중에 성경적 어둠을 탐색해 나갔습니다.

'성경적 어두움'

어두움이라.

그거야 빛이 없는 것이요, 빛의 반대이지. 이렇게 단순하게 생각했습니다. 어릴 적부터 어두움 속에 있는 걸 두려워했습니다. 불을 켜놓고 잠자기 일쑤였습니다. 동양의 음양 사상, 성경의 마귀나 어두움의 권세, 이런 사고 의식이 내게 깊이 깔려 있었습니다. 이런 어두움의 의식은 우리 부부가 처한 상황을 불행 쪽으로 많이 쏠리게 하였습니다. 연거푸 부부 동시 암이라. 이건 죽을 병이지. 육체적 아픔뿐 아니라 정신적 고통은 더 심했습니다. 하루하루가 생과 사로 치열했습니다.

이런 고통 중에도 성경적 어두움 과제를 묵상했습니다. 사고의 줄을 놓지 않고 기도했습니다. 어두움에 관한 성경 말씀을 톺아보며 나아갔습니다. 투병 중이라 먼저 병고의 의미부터 찾았습니다. 여기에 두신 하나님의 뜻을 찾고자 하는 사명 의식까지 생기기 시작했습니다. 몸부림치며 투쟁한 결과 '성경적 어두움'이 하나씩 밝혀졌습니다.

어두움이 빛의 반대라고? 어두움은 빛의 부재라고? 어둠도 하나님이 창조하신 것이 아닌가.

"나는 빛도 짓고 어둠도 창조하며 나는 평안도 짓고 환난도 창조하나니 나는 여호와라"(사 45:7).

그렇다면 하나님도 이원론적으로 볼 수밖에 없잖은가. 어두움과 빛, 선과 악. 어둠이 악이라면 어둠을 지으신 분도 선과 악의 존재란 말인가. 하나님이 선과 악을 소유하셨다면 과연 악을 심판할 자격 있겠는가. 이것이 어거스틴의 사유적 고민이었습니다. 그의 참회록 마지막 부분이 떠올랐습니다. 악의 탐구 그 기원이란 무엇인가. 악은 선의 반대가 아니다. 악은 선의 결핍이다. 이로써 그는 이원론을 극복했습니다. 일향 미쁘신 선하신 하나님을 붙잡을 수 있었습니다.

마찬가지로 어두움도 그렇습니다.
어두움은 빛의 반대도 아니요. 빛의 부재도 아닙니다. 어둠은 생명의 모태입니다.

창세기 1:2를 봅니다.

"땅이 혼돈하고 공허하며 흑암이 깊음 위에 있고 하나님의 영은 수면 위에 운행하시니라."

또 어둠은 구원의 모태이기도 합니다.

"제 육시로부터 온 땅에 어둠이 임하여 제 구시까지 계속되더니 제 구시에 예수께서 소리질러 가라사대 엘리 엘리 라마 사박다니" (마 27:45, 46).

이렇게 성경을 톺아보니 기존에 알고 있던 어두움에 대한 인식이 무너지기 시작했습니다.

그러면 성경적 어두움이란 무엇이란 말인가?

불현듯 요한복음 1:5 말씀이 떠올랐습니다.

"빛이 어둠에 비치되 어둠이 깨닫지 못하더라."

그렇다. 아, 그렇구나.

성경적 어두움이란 빛을 인식하지 못하는 것이로구나. 어둠은 빛의 불식(不識). 참 빛을 깨닫지 못하는 것. 참 빛에 대한 무지다. 곧 참 빛이신 예수님을 알지 못하는 것이 진정한 어두움이다.

이제껏 상식으로 알고 있던 이 말씀에 이런 깊은 진리가 담겨 있다니. 놀랍고 놀라웠습니다. 성경적 어두움의 의미를 이렇게 깨닫게 되다니! 뛸 듯이 기뻤습니다. 목욕탕에서 부력의 이치를 깨닫고 유레카를 외쳤다는 한 철인이 생각났습니다. 야광등으로 밤의 세계를 보듯 숨겨진 어둠의 세계가 서서히 보이기 시작했습니다. 창세기 1장에 반복되는 "저녁이 되고 아침이 되니 이는 몇째 날이니라." 라는 말씀들이 영성적 의미로 다가왔습니다.

그렇다.

성경적 어둠이란 빛의 不識, 빛을 인식하지 못하는 것이다. 그러자 어둠을 직시할 용기가 생겼습니다. 갇힌 제 인식과 사고가 열리기 시작했습니다. 어둠의 벽을 뚫고 그 너머의 세계로 인식과 사고가 뻗어 나갔습니다. 구원 그 너머 창조의 세계로, 창조 그 너머 텅 빈 공간과 그 암흑의 세계로, 흑암 그 너머 온 심우주로, 온 우주 그 너머 창조주 하나님의 세계로, 창조주 하나님과 태초 이전의 세계로, 태초 이전 삼위 하나님의 존재 양태의 세계로, 삼위 하나님의 존재 양태는…(창 1:1-3 역순, 요 1:1-3).

화산이 솟구치듯 본질에 본질 탐구로 사고와 의식이 자꾸자꾸 분출되어 치솟아갔습니다. 불현듯 불교학자인 친구가 한 말이 기억났습니다. "우주의 온 빛이 분출되어 한 곳에 모이는 그곳, 우주의 빛의 페스티벌이 벌어지는 그곳이 화엄(華嚴)의 세계라네"(이효걸, 전 안동대 교수, 화엄경으로 박사학위, 장자 연구가).

어둠의 성경적 의미를 각성하게 되자 우리 부부가 처한 극한 항암 투병도 새롭게 보이기 시작했습니다. 요한복음 11:4 예수님의 말씀이 떠올랐습니다.

"이 병은 죽을 병이 아니라 하나님의 영광을 위함이요."

저희 부부 지금 겪는 이 병도 주님이 보실 때 죽을병이 아녔습니다. 하나님의 영광을 위한 병이요, 의미 있는 어두움이었습니다. 그러자 이 어둠 속에 함께 하시는 주님이 느껴졌습니다. 침상을 붙들고 간병인으로 섬기시는 주님(시41:3), 고통으로 체휼하시는 주님이 보였습니다(히4:15). 성령님의 숨결이 느껴졌습니다. 그러자 죽음의 경계선, 그 지평선을 들락거릴 때도 두렵거나 외롭지 않았습니다.

"두려워하지 말라 내가 너와 함께함이라 놀라지 말라 나는 네 하나님이 됨이라 내가 너를 굳세게 하리라 참으로 너를 도와주리라 참으로 나의 의로운 오른손으로 너를 붙들리라" (사 41:10).

시편 시인의 고백이 제 고백이 되었습니다.

"내가 사망의 음침한 골짜기를 다닐지라도 해를 두려워하지 않을 것은 주께서 나와 함께 하심이라 주의 지팡이와 막대기가 나를 안위하시나이다" (시 23:5).

성경적 어두움을 깨닫고 각성하게 되니 어둠을 더는 두려워하거나 피하지 않게 되었습니다. 어두움의 쌍둥이인 고난 또한 두렵지 않았습니다. 어둠을 직시하게 되자 그 속에서 참 빛이 보이기 시작했습니다. 부활 신앙이 솟구쳤습니다. 어둠의 최종 병기인 죽음을 호령하게 되었습니다.

"사망아 너의 승리가 어디 있느냐. 사망아 네가 쏘는 것 어디 있느냐" (고전 15:55).

"에끼 이놈. 이 병이 죽을병이라고, 죽는다면 벌벌 떨줄 알았지. 이젠 안 속아."

오히려 살아 있다는 간증과 승리의 찬가를 부를 기대가 부풀어 올랐습니다.

"원수의 목전에서 내게 상을 베푸시니 내 잔이 넘치나이다" (시 23:5).

둘 다 암 투병하는 중환자였지만 살려달라 하거나 낫고자 연연하지 않았습니다. 어둠에 맞서자 깊은 어둠 속에서 성령님의 임재, 동행, 각성, 이런 사고의 영적 레일이 구축되어 갔습니다. 그러자 항암 투병도 진정한 사막 영성이요, 영성 순례길이 되었습니다. 고통은 기도가 되었고, 감사는 시와 노래가 되었습니다. 천국 순례자로 찬양이 터졌습니다.

"예수 부활했으니
하하하하 힐-렐-루--야!
사망 권세 이기고
하하하하 힐-렐-루--야!"(찬송가 164장)

20信 2

빛, 성경적 탐구

'성경적 어두움'을 각성하고 난 후 자연스럽게 이런 질문이 생겼습니다.

'성경적 빛, 참 빛이란 무엇일까?' 서서히 성경적 빛의 본질을 탐색하기 시작했습니다.

'성경적 빛'

하나님은 창조 첫날 우주에 빛을 창조하셨습니다.

"이 빛이 하나님 보시기에 좋았더라." (창1: 3-5) 하셨습니다.

빛은 생명의 에너지입니다. 빛은 그 종류가 무수히 많습니다. 그렇다고 모든 빛이 참 빛은 아닙니다. 사탄도 빛으로 나타나기 때문입니다.

"이것은 이상한 일이 아니니라 사탄도 자기를 광명의 천사로 가장하나니, 그러므로 사탄의 일꾼들도 자기를 의의 일꾼으로 가장하는 것이 또한 대단한 일이 아니니라 그들의 마지막은 그 행위대로 되리라" (고후 11:14, 15).

그러기에 빛 중에 참 빛을 분별하기가 참으로 어렵습니다. 참 빛과 거짓 빛, 그 끝자락은 엄청난 차이가 납니다. 사느냐 죽느냐, 살리느냐 죽이느냐, 이는 생과 사의 문제요, 구원과 심판이 걸린 문제입니다. 이렇게 중요한 만큼 그것을 분별하기란 그만큼 어렵습니다.

어떻게 빛 중에서 '참 빛'을 분별할 수 있을까요?

"그 안에 생명이 있었으니 이 생명은 사람들의 빛이라." (요1:4).

그렇다.

먼저 그 속에 생명이 있어야지. 영원한 생명의 존재 여부로 식별할 수 있다고 하셨네. 예수님은 계속해서 말씀하십니다.

"살리는 것은 영이니 육은 무익하니라 내가 너희에게 이른 말은 영이요 생명이라" (요 6:63).

좀 더 깊이 말씀을 들여다보게 되었습니다.

"예수께서 대답하여 이르시되 사람이 나를 사랑하면 내 말을 지키리니 내 아버지께서 그를 사랑하실 것

134

이요 우리가 그에게 가서 거처를 그와 함께하리라" (요 14:23).

그렇지.

그 생명 속에 사랑이 있느냐 없느냐로 판명되겠구나. 영생이라 하더라도 사랑의 존재 여부가 본질적 핵심이겠네. 여기서 '우리'란 성부 성자를 가리키십니다(우리 말, 공동번역). 새 계명을 실천하는 자, 서로 사랑하는 자 그 마음속에 삼위 하나님께서 거처를 삼으십니다.

이렇게 좀 더 깊이 탐색하고 나니 구원의 온전한 모습이 더 확장되었습니다. 구원은 창조 회복, 그 정도 뿐일까요. 구원이 창조 회복에만 머문다면 구원받아도 우리는 여전히 피조물에 불과할 뿐이잖아요. 예수님의 마지막 대제사장적 기도를 묵상해 봅니다.

"아버지여 내게 주신 자도 나 있는 곳에 나와 함께 있어 아버지께서 창세 전부터 나를 사랑하시므로 내게 주신 나의 영광을 그들로 보게 하시기를 원하옵나이다" (요 17:24).

주님이 이루신 온전한 구원은 창조 회복을 뛰어넘습니다. 우리가 온전히 변화하여 주님과 함께 왕 노릇하는 것입니다(고전 15:53, 54, 롬 5:21). 창세 이전의 세계로 들어가는 것이요, 삼위 하나님의 세계로, 주님의 영광된 빛 그 속으로 들어가는 것입니다. 그곳에서 삼위 하나님의 사랑을 영원히 누리는 삶입니다. 참 빛 그리스도 예수님과 함께 더불어 영원히 영원히 예배드리는 삶입니다.

사랑 안에 삼위 하나님께서 자신의 거처를 삼으십니다. 이는 임시 막사에 불과합니다. 장차 우리가 삼위 하나님의 사랑 안에 들어가는 것, 이것이 온전한 구원입니다. 온전한 장막 영광스러운 궁궐로 입궐하는 것입니다.

"저가 내 안에 내가 저 안에" (요 15:5).

이 얼마나 놀라운 구원인지요.

이런 놀라운 구원, 온전한 구원의 세계로 인도하는 참 빛은 예수님밖에 없으십니다.

예수님은 세상의 빛일 뿐만 아니라 영원한 영광의 빛이십니다(요 1:9, 10a, 8:12).

주여!
저같이 미천한 자에게
성경적 어둠의 의미를 깨우쳐주시다니요.
어두움은 참 빛의 不識이요 무지임을 알게
되었습니다.
참 빛은 생명과 사랑을 품고 있어야 함을
깨달았습니다.
예수님만이 참 빛이요 생명이요 참 사랑이십니다.
예수님께서 참 빛으로 지금 함께하십니다.
저를 세상 어두움에서 건져 내시고, 거짓 빛의
미혹에서 벗어나게 해 주십니다.
잠시 항암으로 어둠의 터널 지나게 하시고 어둠조차

직시하게 하셨습니다.

이제는 저를 삼위 하나님의 사랑 가운데 살게
하시다니요.

영원히 찬양드리는 온전한 예배자로 살게
하시다니요.

할렐루야!

아멘.

주 예수여

속히 오소서.

21信 1

성령의 영감

오랜 병상 생활 중이었습니다. 비장과 쓸개 주위 림프 암을 제거하는 복강경 대 수술을 받은 직후였습니다 (2022.1), 고통 중에 병상 침대 옆에 둔 영성책을 펼쳤습니다. 평상시 여러 번 읽던 책인데, 그 날따라 유독 한 곳에 눈이 머물렀습니다(영성생활의 입문III, E. 미루상, 성령의 영감). 이사야 11:2, 3a을 영성적으로 해석한 부분이었습니다.

이 말씀은 기원전 600년경 선지자 이사야가 예수님 탄생과 성령의 영감을 예언한 것입니다. 성령의 이름과 그 품격을 내다본 것입니다. 이 말씀의 영성적 해석을 음미하니 그동안 무지했던 성령님에 대한 새로운 깨달음을 하나씩 얻게 되었습니다.

특히 성령 충만에 관한 것입니다. '충만'은 원어로 '메레아 플레로마'입니다. 바르게 하여 바다처럼 넘치는 것을 말합니다.

성령 충만한 상태란 내 생각과 삶이 온전히 성령님께 지배받는 정도로만 이해하였습니다. 이제 사 11:2 말씀에 대한 영성적 해석을 깊게 한 후부터 '성령 충만'을 좀 더 심도 있게 이해하게 됐습니다. 성령님의 이름을 제대로 알고 그분과 구체적으로 사귐을 가질 때 성령님과 인격적 사귐이 깊어집니다. 더 풍성한 성령 충만이 이루어짐을 깨닫게 되었습니다. 성령 세례도 이와 마찬가지입니다.

이처럼 성령님의 이름을 제대로 알고 성령님과 인격적 교제를 하는 것이 참으로 중요합니다. 그로 인해 충만한 성령 체험이 이루어집니다. 바로 이것이 성령의 풍성한 열매를 맺을 수 있는 비결입니다.

"오직 성령의 열매는 사랑과 희락과 화평과 오래 참음과 자비와 양선과 충성과 온유와 절제니 이 같은 것을 금지할 법이 없느니라" (갈 5:22, 23).

이런 성령의 열매는 성령님과의 교제의 결과로 맺히는 것입니다. 성령님과의 교제는 인격적일수록 더 깊어집니다. 이런 영적 사귐의 초석은 성령님의 이름을 구체적으로 아는 것입니다.

21信 2

성령의 이름 I

이사야 11:2, 3a은 이사야가 보았던 예수님 위에 임한 성령님의 이름입니다. "그의 위에 여호와의 영 곧 지혜와 총명의 영이요 모략과 재능의 영이요 지식과 여호와를 경외하는 영이 강림하시리니 그가 여호와를 경외함으로 즐거움을 삼을 것이며."

예수님께 임하신 성령의 이름은 7가지입니다: '지혜의 영', '총명의 영', '모략의 영', '지식의 영', '재능의 영', '여호와를 경외하는 영', '여호와를 즐거워하는 영'입니다.

3절 문맥상 '경외'와 '즐거워함'은 순서가 바뀔 때 내용상 맞습니다. 성령님의 본질은 예나 지금이나 영원토록 동일하시니 우리에게 임한 성령님의 이름도 마찬가지입니다. 예수님은 성육신하셨기에, 이 이름 순서를 거꾸로 하면, 성령님을 우리 관점에서 이해하기 쉽습니다.

140

첫째, 성령님은 하나님을 경외하게 하는 영이십니다.

둘째, 하나님을 즐거워하게 하는 영이십니다.

셋째, 하나님을 아는 지식의 영이십니다.

넷째, 능력의 영이십니다.

다섯째, 모략과 경륜의 영이십니다.

여섯째, 영적 분별력이 탁월한 총명의 영이십니다.

일곱째, 하나님의 뜻과 비밀을 아는 지혜의 영이십니다.

진정한 성령 충만은 이런 성령의 이름을 알고 인격적으로 사귐을 갖는 것입니다. 7계 건반처럼 한 단계 한 단계 위로 올라갈 때 그 충만함과 풍성함이 넘칩니다. 그 영성의 깊이와 높이와 넓이의 세계가 새롭게 펼쳐집니다. 성령님의 이름과 그로 인해 우리에게 펼쳐질 은혜 하나하나 음미해 봅니다(영성생활의 입문III, E. 미루상, 성령의 영감, p. 237-245).

경외하게 하는 영

회개하여 성령을 받으면 첫 단계가 경외입니다. 신령과 진정으로 하나님을 경외하고 예배하는 것입니다. 세속적 쾌락으로부터 그 마음을 돌려 위엣 것을 찾습니다. 눈을 들어 하나님을 바라보게 됩니다. 하나님을 욕되게 하는 것을 두려워하고 그 영광 앞에 엎드리게 됩니다. 참된 경외란 죄를 두려워하고 하나님의 말씀을 사랑하고 순종하는 것입니다. 예수님께서 수가 우물가에서 사마리아 여인에게 말씀하셨습니다. 세속적 야곱의 물이 아니라 그 배에서 솟구치는 영생의 샘을 추구하게 하십니다.

"하나님은 영이시니 예배하는 자가 영과 진리로 예배할지니라" (요 4:24).

성령님은 회개하는 자에게 하나님을 경외하는 마음을 심어 진정한 예배자로 세우십니다.

"너희가 회개하여 각각 예수 그리스도의 이름으로 세례를 받고 죄 사함을 받으라 그리하면 성령의 선물을 받으리니" (행 2:38).

성령의 선물은 하나님의 자녀로 도장을 찍어주는 것이요, 참 예배자가 되게 하는 것입니다.

하나님을 즐거워하게 하는 영

성령님은 두려움의 영이 아니라 사랑의 영이십니다(롬 15:30). 우리는 성령을 힘입어 하나님을 아바 아버지라 부릅니다(롬 8:15). 성령님께서 연약한 우리를 도와주십니다. 어떻게 기도해야 할지 모르는 우리를 대신해서 말할 수 없을 만큼 깊이 탄식하시며 하나님께 간구해 주십니다(롬 8:26). 이런 은혜로 말미암아 우리는 극심한 어려움 중에도 초자연적인 평안을 맛볼 수 있습니다. 고난 중에도

142

영적 즐거움을 고백할 수 있습니다.

"하나님의 영광을 바라고 즐거워하느니라 다만 이
뿐 아니라 우리가 환난 중에도 즐거워하나니… 우리에
게 주신 성령으로 말미암아 하나님의 사랑이 우리 마음
에 부은 바 됨이니" (롬 5:2-5).

지식의 영

지식이란 인간적인 학문이나 신학 그 이상을 뜻합니다.
바로 하나님을 아는 영감입니다. 우리의 오감을 뛰어넘는
영적인 지식입니다. 지식의 영은 세속적인 것과 영적인 것
을 분별하는 판단력입니다. 지식의 영은 돈과 명예, 인기
와 칭찬이 허무함을 깨우쳐줍니다. 참된 선과 악이 무엇인
지, 하나님이 어떤 분이신지, 나는 누구인지를 깨우쳐주십
니다.

"영생은 곧 유일하신 참 하나님과 그가 보내신 자
예수 그리스도를 아는 것이니이다" (요 17:3).

이처럼 지식의 영은 우리의 지식을 열어줍니다. 더 큰
지식, 궁극의 본질로 인도합니다. 예수님은 성령님을 진리
의 영이라 하셨습니다(요 16:13).

"진리의 성령이 오시면 그가 너희를 모든 진리 가운
데로 인도하시리니."

진리의 영에 사로잡힐 때 사슴이 시냇물을 찾기에 갈급
하듯 그 영혼이 살아계신 하나님을 갈망하게 됩니다(시
42:1, 2).

"주여, 당신은 누구시오며, 나는 누구인가요?"(어거스틴)

이처럼 존재의 본질, 우주의 본질을 추구하게 되고 내
가 누구인지도 끊임없이 성찰하게 됩니다. 참된 진리를 깨
닫게 되고 그 진리가 참 자유로움을 줍니다(요 8:32).

재능(might)의 영

재능은 달란트나 은사라기보다는 영적 권능을 말합니다.

"오직 성령이 너희에게 임하시면 너희가 권능을 받
고" (행 1:8).

우리가 대항하여 싸울 원수들은 인간이 아니라 악령들
이요 마귀들입니다. 우리에게 용기를 주고 긴 시련의 때에
인내심을 갖도록 돕는 건 성령님이십니다.

"모든 것 위에 믿음의 방패를 가지십시오. 구원의
투구와 성령의 검 곧 하나님의 말씀을 가지십시오. 항
상 성령 안에서 기도와 간구를 하십시오" (엡 6:16-18).

재능의 영은 능력의 영으로 우리의 믿음을 강하게 해
주십니다. 이 믿음은 자기 확신과 다릅니다. 믿음을 구약
에선 히브리어로 '아민', 신약에선 헬라어로 '피스튜오
(pisteuo)'라 합니다. 아멘은 아민에서 나온 것으로 하나님

의 신실하심을 받아들이고 맡기는 것을 의미합니다. 피스튜오도 이와 비슷합니다.

재능의 영이신 성령님이 이런 믿음을 심어주십니다. 복음에 대한 확신과 말씀에 대한 강한 믿음과 하나님 나라에 대한 간절한 소망을 북돋아 주십니다. 믿음은 하나님의 약속과 그 말씀을 내 안에 품고 간직하는 것입니다. 믿음은 성령님을 통해 주시는 하나님의 선물입니다.

21信 3

성령의 이름 II

앞에서와 같이 성령님의 이름을 계속해서 역순으로 탐색해 나갑니다.

'모략의 영', '총명의 영', '지혜의 영'은 하나님의 깊은 뜻과 비밀의 영역에 함께 하는 영이십니다. 신비 중 신비의 세계입니다.

"오직 하나님이 성령으로 이것을 우리에게 보이셨으니 성령은 모든 것 곧 하나님의 깊은 것까지도 통달하시느니라" (고전 2:10).

모략의 영

모략이란 탁월한 경륜과 지혜를 말합니다.

"깊도다 하나님의 지혜와 지식의 풍성함이여, 그의

판단은 헤아리지 못할 것이며 그의 길은 찾지 못할 것
이로다" (롬 11:33).

인류 구원 역사를 한 아기, 한 아들의 탄생을 통해 이
루시고(사 9:6), 한 싹, 한 가지를 통해 이루어가시는 놀
라운 신비(사 11:1), 원 가지가 잘려도 곁가지를 통해 구
속 역사를 이어가시는 그 오묘함(롬 11:25), 십자가의 신
비야말로 주의 모략의 극치입니다(요 19:30).
"누가 주의 마음을 알았느냐. 누가 그의 모사가 되
었느냐" (롬 11:34).
"하나님의 어리석음이 사람보다 지혜롭고 하나님의
약하심이 사람보다 강하니라" (고전 1:25).

승패는 모략의 수싸움에서 판가름 납니다. 통치자에겐
이런 모략가가 있어야 합니다. 유비에게 모략가 제갈량이
있었듯이. 모략의 영 성령님은 탁월한 경륜가요 그 수가
무궁무진하십니다. 예수님의 지혜는 바로 모략의 영을 의
지함이 그 비결이었습니다.
"가이사의 것은 가이사에게, 하나님의 것은 하나님
께" (마태 22:21).
"너희 중에 죄 없는 자가 먼저 돌로 치라" (요한
8:7).

하나님의 지혜와 최고의 모략은 십자가입니다.
"십자가의 도는 멸망하는 자들에게는 미련한 것이

요 구원받는 우리에게는 하나님의 능력이라… 그리스도는 하나님의 능력이요 하나님의 지혜니라" (고전 1:18, 24).

모략과 지혜의 영이신 성령님께 의지할 때 우리도 넉넉히 승리할 수 있습니다. 마더 테레사는 모략의 영을 의지했기에 이런 고백을 할 수 있었습니다. "내 비록 작은 몽당연필이라 하더라도 그분의 손에 잡히기만 하면 위대한 작품을 그릴 수 있어요." 우리도 이런 고백을 할 수 있습니다. "비록 가진 것 없더라도 주님께 드려지기만 하면 오병이어의 기적에 쓰임 받을 수 있습니다."

총명의 영

총명이란 영적 분별력이요 하나님의 신비를 더욱 깊이 깨닫게 하는 통찰력입니다. 앞서 지식의 영은 세속적이고 육신적인 것과 영적인 것을 분별하는 지식입니다. 여기 총명의 영은 거룩한 것 중에서 더 거룩한 것, 하나님의 뜻 중에서 더 깊은 하나님의 뜻을 분별하는 총명입니다. 많은 영적 지도자가 이런 분별력이 부족해 교만의 덫에 걸려 넘어지곤 합니다. 큰 역사를 이루고 성공한 뒤에 그 끝이 좋지 않습니다. 곁길로 빠지고 사이비나 이단으로 타락합니다.

"Good is the enemy of great." 좋은 것이 위대한 것

148

의 적이다. 경제학자 짐 콜린즈의 말입니다. 좋은 것 속에 감추어진 독소를 지적한 것이라 봅니다. 좋은 것일수록 이를 식별하기 더 어렵다는 의미이기도 합니다. 신앙이 깊어질수록 영적 덫을 분별하기가 더더욱 어렵습니다. 총명의 영이신 성령님만이 진정한 영을 분별하실 수 있습니다.

욥의 네 친구는 자기 지식은 많았으나 이런 총명이 없었습니다. 하나님이 보실 때 욥조차 정도의 차이였지 그 범주를 벗어나지 못했습니다.

이 말씀이 제게도 역사하셨습니다. 눈물로 씨를 뿌린 지 5년, 추위 속에서 피어나는 동백꽃처럼 관악 캠퍼스 사역도 활기 띠기 시작하던 때였습니다. 캠퍼스 학생 사역을 후임자에게 물려 준 후 대학원 사역과 지역교회를 겸하여 개척하였습니다. 첫 성탄 수양회를 하던 중이었습니다. 이른 새벽 욥기를 읽다가 갑자기 뱃속이 꿈틀거렸습니다. "무지한 말로 이치를 어둡게 하는 자가 누구냐" (욥38:2). 연이어 "네가 알면 얼마나 안다고." 이런 음성이 들리는 듯하였습니다.

알 수 없는 힘에 끌려 한나절 동안 배가 꿈틀거렸습니다. 꺽꺽 울며 눈물 콧물이 쏟아졌습니다. 읽고 있던 욥기 끝장을 펼쳤습니다. 욥의 회개에 눈길이 머물렀습니다.

"무지한 말로 이치를 가리는 자가 누구니이까 나는 깨달지도 못한 일을 말하였고 스스로 알 수도 없고 헤아리기도 어려운 일을 말하였나이다" (욥 42:3).

　어떤 초월의 힘이 저를 휘감고 있었습니다. 제 생애에 이런 경험이 몇 번 있었습니다. 하지만 이때만큼 내 안에 거주하시는 성령님의 힘을 강하게 느낀 적은 없습니다. 이번에야말로 내 감정과 지성과 의지를 초월하는 영적인 힘에 전적으로 휘감겼습니다. 더 깊은 속마음을 만져주시는 성령님, 內住 하시는 성령님을 강하게 체험하게 되었습니다. 알 수 없는 힘에 휘감겨 한나절 동안 꺽꺽 울며 회개했습니다. 캠퍼스 사역과 제자 양성의 경륜과 좀 안다는 생각을 다 내려놓게 하셨습니다.

　예수님은 광야 시험을 받으실 때 성령께 이끌림을 받으셨습니다. 떡 문제, 명예 문제, 예배 문제에 관한 시험이었습니다. 모두 지도자로, 메시아로서 해결해야 할 절실한 과제였습니다. 총명은 이렇게 중요하고 거룩한 것 중에서 더 영적인 것을 분별하게 하는 지혜요, 통찰력입니다. 마귀도 광명의 천사로 덫을 놓아 유혹하기 때문입니다.
　하지만 예수님은 영적 분별력이 뛰어나셨습니다. 떡보다는 말씀을, 명예보다는 하나님을, 십자가와 예배를 택하셨습니다. 이런 영적 분별력은 총명의 영에게 이끌림을 받으셨기 때문에 나온 것입니다. 이뿐 아닙니다. 겟세마네 기도를 보십시오. 이 기도는 두 거룩함의 투쟁이었습니다. 총명의 영에 이끌림을 받아 예수님은 자기의 거룩한 소원을 내려놓으셨습니다. 아버지의 거룩한 뜻을 영접하고 순종하셨습니다. 십자가 앞에서 피땀 흘리는 주님의 영적 싸움이었습니다(눅 21:42). 이때도 성령님이 말할 수 없는 탄식으로 도우셨습니다.

　신앙 성장 중 '영혼의 밤' 단계가 있습니다(최호진, 홍성사). 마치 애벌레가 나비로 되는 그 과정으로, 죽은 것 같은 번데기가 되는 고통입니다. 이럴 땐 기도조차 할 수 없습니다.

　　"이와 같이 성령도 우리의 연약함을 도우시나니 우리는 마땅히 기도할 바를 알지 못하나 오직 성령이 말할 수 없는 탄식으로 우리를 위하여 친히 간구하시느니라" (롬 8:26).

　영적 침체기이든 영혼의 밤이든 어떤 상황에 부딪혔을 때도 포기하지 않고 성령님을 의지해야 합니다. 끙끙대기만 해도 됩니다. 성령님께서 이런 나를 위해 중보기도하고 계시기 때문입니다. 이런 믿음을 가질 때 주께서 놀라운 일을 그 상황에서 행하심을 체험합니다. 번데기가 나비로 변화되는 신비로, 더 큰 앎을 각성시켜 더 높은 세계로 인도하십니다.

　3년 전(2022), 저는 부부 동시 항암 투병 중 죽음의 경계선에서 이런 신비를 체험했습니다. 총명의 영께서 저에게 죽음의 병을 직시하게 하셨습니다. 영적 분별력을 주셨습니다. 이 병이 하나님의 영광을 위한 것임을 깨우쳐주셨습니다. 성경적 어둠의 비밀을, 성령의 이름을 통한 충만의 체험을, 긍휼과 사랑의 깊이를, 영광스러운 사랑의

높이와 넓이를 체험하고 각성케 하셨습니다. 저희 부부를
암 환자에서 영성 순례자로 이끄셨습니다.

지혜의 영

지혜란 최고의 지혜요, 하나님의 뜻과 비밀을 말합니다.
본질 중 본질, 제1 원인과 궁극의 목적을 꿰뚫어 보는 영
적 통찰력입니다.

"곧 계시로 내게 비밀을 알게 하신 것은 내가 먼저
간단히 기록함과 같으니 그것을 읽으면 내가 그리스도
의 비밀을 깨달은 것을 너희가 알 수 있으리라" (엡
3:3, 4).

십자가로 모든 벽을 허무는 능력. 우리를 하나님과 하
나 되게 하여 삼위 하나님의 사랑 안에 거하게 하는 구원
의 비밀, 이는 지혜의 영, 그 세계입니다.

"아버지여 내게 주신 자도 나 있는 곳에 나와 함께
있어 아버지께서 창세 전부터 나를 사랑하시므로 내게
주신 나의 영광을 그들로 보게 하시기를 원하옵나이
다" (요 17:24).

바울은 성령님께서 그 지혜로 이 땅에 교회를 세워가시
는 신비로운 비밀을 증거했습니다.

"영원부터 만물을 창조하신 하나님 속에 감추어졌
던 비밀의 경륜이 어떠한 것을 드러내게 하려 하심이
라, 이는 이제 교회로 말미암아 하늘에 있는 통치자들

과 권세들에게 하나님의 각종 지혜를 알게 하려 하심이
니" (엡 3:9, 10).

오, 주여
제게도 이런 놀라운 신비, 깊은 성령의 세계를
깨우쳐주시다니요.
20년 동안 사역에 몰두하였고, 그 후 20년 동안
영성을 앞세우며 달려가고 있습니다.
이제 성령의 세계를 깨닫고 이런 자신을 성찰해
봅니다.
아직도 작은 죄의 습성과 세속적인 것, 성공적인
것에 집착하곤 합니다.
발바닥이 세속적 접착제에 붙어 있습니다.
영혼은 날갯짓을 하지만 여전히 닭처럼 파닥거리고
있으니 어찌해야 합니까.
오 모략과 총명과 지혜가 풍성하신 성령님
이런 저를 세속적인 접착제에서 벗어나 주님 품에
안겨 성령님의 세계로 주님의 세계로 훨훨 날게
하소서.
성령님께 이끌리어 홀로 주님 앞에 독수(獨修)하며
단독자로 주 앞에서 기도하게 하소서.
깊은 기도에 잠기며 주 안에 머물게 하소서.
총명의 영, 지혜의 영에 이끌리어 제가 주 안으로
들어가 주님과 하나 되게 하소서!

22信

사랑의 Pilgrim

22信 1

큰 질문

고된 항암치료를 견뎌낸 축하 자리. 모처럼 모국에 들른 한 선교사와 함께 부부 동반 티타임 중이었습니다. 신학자인 그가 던진 질문이 오랫동안 저를 사색에 잠기게 하였습니다. 차를 마시며 슬쩍 던진 그의 속 깊은 질문이었습니다.

∨ 태초 이전 하나님의 세계는 어떠했을까?
∨ 삼위 하나님의 진정한 일체는 어떤 모습일까?
∨ 삼위일체 하나님과 기독 신앙의 우월성, 초월성은 무엇일까?

삼위 하나님이시라지만 태초 이전 예수님의 모습 그 신성이 어떠했을까로 귀결됩니다.

156

사도 요한은 예수님을 이렇게 선포합니다.

"태초(이전)에 말씀이 계시니라 이 말씀이 하나님과 함께 계셨으니 이 말씀은 곧 하나님이시니라 그가 *태초(이전)에 하나님과 함께 계셨고" (요 1:1, 2).

태초 전부터 예수님은 말씀이셨고, 하나님과 함께하셨습니다.

다시 고국에 들른 그 신학자는 '위로부터 오시는 이'(요 3:31) 주제로 설교했습니다. 이제야 요한복음 말씀의 세계가 보인다고 간증했습니다. 예수님은 원래부터 위에 계셨던 분이셨고 위로부터 오신 이셨습니다. 예수님은 영원한 생명이요, 창조주 하나님과 함께하셨습니다(요 5:26). 예수님은 하나님의 영광과 함께 하셨습니다(요 5:17). 예수님은 영원한 사랑으로 함께 하셨습니다(요 17:24).

이런 질문을 가슴에 담고 태초 이전과 연관된 성경 말씀을 탐구하며 묵상했습니다.

"위로부터 오시는 이는 만물 위에 계시고… 하늘로부터 오시는 이는 만물 위에 계시나니" (요 3:31).

"아버지여 내게 주신 자도 나 있는 곳에 나와 함께 있어 아버지께서 *창세 전부터 나를 사랑하시므로 내게 주신 나의 영광을 그들로 보게 하시기를 원하옵나이다" (요 17:24).

*표는 중요 단어

22信 2

사랑의 Pilgrim

　큰 질문을 품고 기도하고 기도하였습니다. 태초 이전의 존재, 본질 중의 본질은 무엇일까? 요일 4:7, 8이 제 마음에 섬광처럼 빛났습니다. 본질의 본질은 '사랑'이란 결론에 이르게 되었습니다.

　"사랑하는 자들아 우리가 서로 사랑하자 사랑은 하나님께 속한 것이니 사랑하는 자마다 하나님으로부터 나서 하나님을 알고 사랑하지 아니하는 자는 하나님을 알지 못하나니 이는 하나님은 사랑이심이라."

　이 성경 말씀은 예수님의 새 계명과 그 맥을 같이하고 있습니다.

　"새 계명을 너희에게 주노니 서로 사랑하라 내가 너희를 사랑한 것 같이 너희도 서로 사랑하라" (요 13:34).

　"사랑하는 자들아 하나님이 이같이 우리를 사랑하셨은즉 우리도 서로 사랑하는 것이 마땅하도다" (요일

4:11).

큰 질문에 대한 답은 생명도 영광도 모두 사랑으로 귀결되었습니다. 태초 이전도 '사랑'이 존재하였습니다, 삼위일체 하나님의 존재 양태도 사랑이었습니다. 기독교의 우월성도 '사랑'에 있음을 알게 되었습니다. 기독 영성의 궁극은 하나님의 '사랑'임을 각성했습니다.

새 계명을 톺아보았습니다. '사랑'이란 주제로 5회 연속 시리즈 주일설교에 돌입했습니다. 생애 마지막 설교이리라, 이런 각오로 임했습니다.

새 계명 탐색하기

새 계명을 깊이 묵상하자 먼저 궁금증이 생겼습니다. 하나님을 사랑하라는 명령이 없었습니다. 이렇게 중요한 말씀에 왜 말씀하지 않으셨을까? 일찍이 주님께서 말씀하시지 않으셨는가.

"첫째는 이것이니 … 주 너의 하나님을 사랑하라 하신 것이요 둘째는 이것이니 네 이웃을 네 자신과 같이 사랑하라 하신 것이라 이보다 더 큰 계명이 없느니라" (막 12:29-31).

어찌하여 중요한 첫째 계명은 생략하셨는가. "서로 사랑하라." 이렇게 둘째 것만 명령하신 이유가 무엇일까? 그 궁금증이 요일 4:20, 21에서 풀렸습니다.

"누구든지 하나님을 사랑하노라 하고 그 형제를 미워하면 이는 거짓말하는 자니 보는바 그 형제를 사랑하지 아니하는 자는 보지 못하는 바 하나님을 사랑할 수 없느니라 우리가 이 계명을 주께 받았나니 하나님을 사랑하는 자는 또한 그 형제를 사랑할지니라."

기독교 역사를 살펴보더라도 그렇습니다. 하나님의 사랑이 교리로 굳어졌을 때 기독 형제들 간에 얼마나 무서운 교리 전쟁 종교전쟁이 일어났던가. 그 결과 기독교 발상지 중동은 이슬람화되었고, 유럽 또한 비 기독교화로 되어가지 않은가. 사랑의 교리, 참으로 중요하지. 그러나 실천이 따라야 사랑이 사랑이어라. 먼저 형제 사랑으로 나타나야만 진정한 사랑이지. 생각이 이에 미치자 서로 사랑하라는 새계명이 수긍되었습니다.

그렇다고 굳이 사랑을 계명으로까지 해야만 하셨을까? 죽음 직전 유언으로까지 말이다. 조용히 새 계명을 묵상하면서 기도했습니다. 본질의 본질이 사랑이었지, 그 핵심이 깨달아졌습니다. 내가 이를 위해 왔노라 하신 주님이셨잖는가. 거두절미하고 가장 핵심이요 중요한 것 사랑만을 붙잡으신 주님. 그렇지. 그만큼 절박하고 중요하다는 의미이리라. 사도 요한도 이를 깨닫고 죽을 때까지 서로 사랑하라고 설파하지 않았던가. 칠순을 넘기고 보니 제게도 그 절박한 심정이 전해져옵니다. "서로 사랑하라." 이보다 더 귀한 유언이 어디 있을까.

160

마지막으로 '내가 너희를 사랑한 것'에 담긴 함축적 의미는 무엇일까? 그렇지. 사랑이 중요한 만큼 유사한 가짜 사랑도 많다는 뜻이로구나. 세속적 사랑, 사이비 기독 사랑으로 그 얼마나 많은 생명을 죽이는가. 광명의 천사로 선지자로 둔갑해 사랑을 도구로 마귀는 저렇게 수많은 영혼을 찬탈하지 않는가. 그러기에 참사랑 분별력이 참으로 중요하구나. 꼬리에 꼬리를 물고 이런 생각들이 이어졌습니다.

"내가 너희를 사랑한 것 같이." 그렇다.

주님이 내게 베푸신 사랑만이 진짜 사랑이다. 생명과 구원, 참 빛을 주는 사랑.

"그 안에 생명이 있었으니 이 생명은 사람들의 빛이라" (요 1:4).

"예수께서 또 말씀하여 이르시되 나는 세상의 빛이니 나를 따르는 자는 어둠에 다니지 아니하고 생명의 빛을 얻으리라" (요 8:12).

이런 참사랑 이미 내게 주어졌다니 놀랍고 놀랍구나.

"사랑은 여기 있으니 우리가 하나님을 사랑한 것이 아니요 하나님이 우리를 사랑하사 우리 죄를 속하기 위하여 화목 제물로 그 아들을 보내셨음이라 사랑하는 자들아 하나님이 이같이 우리를 사랑하셨은즉 우리도 서로 사랑하는 것이 마땅하도다" (요일 4:10, 11).

161

주님의 사랑을 묵상하면 할수록 쓰나미처럼 감동이 밀려옵니다. 바울이 노래한 사랑의 찬송에 사로잡힙니다.

"자기 아들을 아끼지 아니하시고 우리 모든 사람을 위하여 내주신 이가 어찌 그 아들과 함께 모든 것을 우리에게 주시지 아니하겠느냐 그러나 이 모든 일에 우리를 사랑하시는 이로 말미암아 우리가 넉넉히 이기느니라" (롬 8:32, 37).

"서로 사랑하라".

이 주님의 새 계명은 과거형도 미래형도 아닙니다. 항상 현재형입니다. 지금 여기서 한 형제를 사랑하는 것입니다.

주여,
저를 주님 사랑의 도구로 사용하여 주소서!

22信 3

사랑 탐색

원초적 사랑 탐색하기

다시 요일 4:7, 8을 봅니다.

"사랑하는 자들아 우리가 서로 사랑하자 사랑은 하나님께 속한 것이니 사랑하는 자마다 하나님으로부터 나서 하나님을 알고 사랑하지 아니하는 자는 하나님을 알지 못하나니 이는 하나님은 사랑이심이라."

사랑의 원초적 출발점과 그 특성이 무엇인지 참으로 궁금했는데 성경은 이에 명쾌하게 답합니다. 사랑은 본질상 하나님께 속한 것입니다. 하나님은 사랑이십니다.

"사랑을 본다면 삼위일체 하나님을 뵙는 것이다."라고 성 어거스틴도 말했습니다(어거스틴, 삼위일체론).

성부는 사랑하는 분이요, 성자는 사랑받는 분, 성령님은 사랑 그 자체라 하였습니다. 삼위일체는 사랑을 통해서만이 이해할 수 있고, 삼위일체 하나님을 통해서만이 사랑의 궁극을 알 수 있다 하였습니다(성경 신학, 노승수). 사랑하는 자와 사랑받는 자는 구별 되지만 사랑의 영을 통해서 사랑받는 자의 존재 안에 들어가 한 몸을 이루는 것, 삶의 모든 것을 함께 나누는 것, 하나가 되어 모든 것을 나누면서 구별되고, 구별되면서 하나를 이루는 변증적 관계가 사랑이라고 하였습니다(헤겔 역사철학, 연세대 대학교회).

예수님께서도 '안에'란 말씀으로 사랑을 관계적으로 표현하셨습니다.

"그날에는 내가 아버지 안에, 너희가 내 안에, 내가 너희 안에 있는 것을 너희가 알리라" (요 14:20).

그러면 삼위일체 하나님의 사랑은 어떠한지? 사랑의 원초적 특성은 무엇인지? 이런 것이 궁금했습니다. 예수님의 대제사장적 기도에서 그 궁금증이 풀렸습니다.

"아버지여 내게 주신 자도 나 있는 곳에 나와 함께 있어 아버지께서 창세 전부터 나를 사랑하시므로 내게 주신 나의 영광을 그들로 보게 하시기를 원하옵나이다" (요 17:24).

마침내 '함께', '사랑(교제)', '영광', 이 세 가지가 사랑의 원초적 특성 키워드임을 깨닫게 되었습니다.

164

첫째, '함께'하는 것이 원초적 사랑의 특성입니다. 영원히 함께하는 것이 하나님의 사랑입니다. 피조물의 사랑은 유한한 것입니다. 죄는 함께를 파괴하는 것이요, 이간과 분열, 장벽을 치는 것, 죽음은 분리되는 것, 지옥이란 영원히 분리된 상태입니다. 구원이란 하나님과 분리된 자를 하나님과 관계를 회복시켜 하나님과 하나 되게 하는 것을 말합니다.

"태초에 말씀이 계시니라 이 말씀이 하나님과 함께 계셨으니 이 말씀은 곧 하나님이시니라 그가 태초에 하나님과 함께 계셨고" (요 1:1, 2).

여기서 '태초'란 창세기 1:1과 달리 창조 이전으로, 사랑의 원초적 특성은 함께요, 시작과 과정과 마지막까지 함께 하는 것이 하나님 사랑의 특성입니다.

둘째, 원초적 사랑의 모습은 '사귐'입니다. 이런 사귐을 '페리코레시스(περιχορησις)'라 하는데, '페리'란 둥그렇게, '코레시스'란 맴돌며 춤을 춘다란 뜻이 있습니다. 이런 점에서 '성부, 성자, 성령은 상호 구별과 교통 속에 있는 사귐의 존재다.'라고 했습니다(삼위일체와 하나님의 나라, 김균진).

"우리가 보고 들은 바를 너희에게도 전함은 너희로 우리와 사귐이 있게 하려 함이니 우리의 사귐은 아버지와 그의 아들 예수 그리스도와 더불어 누림이라" (요일 1:3).

165

셋째, 원초적 사랑의 모습은 '영광'입니다. 영광이란 원어로 무게, 드러냄이란 뜻입니다. 영광은 하나님께만 속한 것입니다.

"나는 여호와라 이는 내 이름이라 나는 내 영광을 다른 자에게, 내 찬송을 우상에게 주지 아니하리라" (사 42:8).

누구도 인간을 신격화할 수 없습니다. 하나님을 인간과 동일시할 수도 없습니다. 예수님의 탄생을 천사가 노래합니다. 오직 예수님만이 그 영광과 함께 하십니다.

"지극히 높은 곳에서는 하나님께 영광이요 땅에서는 하나님이 기뻐하신 사람들 중에 평화로다" (눅 2:14).

예수님의 대제사장적 기도는 사랑의 궁극인 '영광'을 잘 말해줍니다.

"예수께서 이 말씀을 하시고 눈을 들어 하늘을 우러러 이르시되 아버지여 때가 이르렀사오니 아들을 영화롭게 하사 아들로 아버지를 영화롭게 하게 하옵소서" (요 17:1).

주님은 생애 마지막 보고를 사명 완수로 하나님의 영광을 드러내셨습니다.

"아버지께서 내게 하라고 주신 일을 내가 이루어 아버지를 이 세상에서 영화롭게 하였사오니 아버지여 창세 전에 내가 아버지와 함께 가졌던 영화로써 지금도 아버지와 함께 나를 영화롭게 하옵소서" (요 17:4, 5).

맨 마지막으로 우리 믿는 자, 그 사랑하는 자를 그 '영광'에 참여하게 해 달라고 아버지께 간구하십니다.

"아버지여 내게 주신 자도 나 있는 곳에 나와 함께 있어 아버지께서 창세 전부터 나를 사랑하시므로 내게 주신 나의 영광을 그들로 보게 하시기를 원하옵나이다" (요 17:24).

산티아고 순례길 마치고 바르셀로나에 들러서 성 파밀리아 성당 안팎을 보았습니다. 감격 감격이었습니다. 그중 세 개의 문 이름도 인상적이었습니다. 탄생의 문(파사드), 수난의 문, 영광의 문. 사랑의 궁극은 하나님의 '영광'에 참여하는 것입니다. 사랑의 극치는 서로 동등한 인격으로 서로를 드러내며 존중하는 것입니다.

삼위 하나님의 하나 된 모습을 그려봅니다.
영원히 함께하시는 사랑, 손에 손잡고 강강 수월래 춤을 추시는 사귐의 만찬, 서로를 존중하시며 서로를 높이는 영광스런 영원한 사랑.
영광 영광 영광
이런 사랑이 있기에 천국이 천국이어라.

"그런즉 믿음, 소망, 사랑, 이 세 가지는 항상 있을 것인데 그 중의 제일은 사랑이라" (고전 13:13).

"하나님이 우리를 사랑하시는 사랑을 우리가 알고

믿었노니 하나님은 사랑이시라 사랑 안에 거하는 자는
하나님 안에 거하고 하나님도 그의 안에 거하시느니
라" (요일 4:16).

22信 4

끝없는 긍휼의 사랑

1단계 : 긍휼의 사랑에 눈뜨다 (1950~2003)

"하나님의 사랑이 우리에게 이렇게 나타난 바 되었으니 하나님이 자기의 독생자를 세상에 보내심은 그로 말미암아 우리를 살리려 하심이라" (요일 4:9).

독생자 예수님을 통해 베푸신 하나님의 사랑을 찬양합니다. 임마누엘로 함께한 사랑, 영원한 긍휼인 헤세드의 사랑이 강고(强固)한 제 운명의 굴레를 벗기셨습니다. 긍휼의 사랑에 이어 사귐의 사랑으로 복덩이가 되게 하셨습니다. 사귐에 이어 영광의 사랑으로 천국 순례자가 되게 하셨습니다. 긍휼의 사랑, 사귐의 사랑, 영광의 사랑, 이 '사랑'을 음미하며 그 길 한 걸음 한 걸음 성령님의 인도로 동행하렵니다.

* 헤세드(히브리어) : 은혜, 긍휼, 자비, 인자로 사용되며,
언약에 기초한 변치 않는 사랑.

빨갱이 삼일 유복자

저는 6.25 피난둥이로 태어난 삼일 유복자입니다. 아버
지는 일본 유학 시절에 사회주의자가 되셨고 동란 중 온
가족을 둔 채 자진 월북하셨습니다. 어머니는 소위 빨갱이
자식 하나인 저를 보호하고자 모성애를 쏟았습니다. 집성
촌에서 나와 한적한 시골에서 술장사하셨습니다. 그러다
보니 중학교 시절부터 어머니는 알코올 중독에다 귀신병
까지 들었습니다. 제가 어릴 때부터 다니던 교회를 그때부
터 한사코 반대하셨습니다. 공부 잘하는 것 별로 내키지
않으셨습니다. 남편인 제 아버지로 인한 트라우마 때문인
것 같았습니다. '똑똑하면 버리고 간다.' 홀어머니를 돌봐
야 하는 처지로 중학교를 마친 후 고등학교 진학을 포기
했습니다. 하루아침에 나무꾼이 되었습니다. 한 해 후, 장
학금을 준다기에 미션 고등학교에 다니게 되었고, 자연스
럽게 교회에 다닐 수도 있게 되었습니다. 고등학교 시절
평생 은사로 모시는 좋은 선생님을 만났고, 휴학 덕에 위
아래 동기로 좋은 친구들을 만났습니다.

고 3이 되자 두 가지 문제가 대두되었습니다. 아버지
신원 문제로 인한 연좌제가 대학 진학과 학과 선택에 저
를 짓눌렀습니다. 또 한 가지는 재정문제였습니다. 이번에
도 어머니가 한사코 대학 진학을 말렸습니다. 우리 집 사
정을 아신 담임 선생님마저도 야학의 길이 있다시며 어머

니 편을 들 정도였습니다. 중 3 시절 어머니에 대한 효도
와 집안 환경에 눌려 진학을 포기한 뼈아픈 경험이 떠 올
랐습니다. 고집을 꺾지 않고 밀고 나갔습니다. 한 번만이
라도 대학 시험을 쳐서 제 실력을 점검할 기회라도 달라
고 했습니다. 제 주장이 먹혀들었습니다.

시험 3개월을 앞둔 그때, 입주해 있던 과외 집이 타 도
시로 이사했습니다. 갑작스럽게 거처마저 없게 되었습니
다. 친구의 소개로 한 교회 종탑 밑 골방으로 숙소를 옮
겼고 친구와 함께 거기서 입시 준비를 했습니다. 새벽 기
도 시간 교회 문을 열어주는 조건이었고, 식사는 친구네
집에서 해결했습니다. 비록 판자촌에 살고 있지만 크리스
천 가정의 화목한 모습이 제 마음을 녹였습니다. 게다가
갈 곳 없는 제게 매끼 무료 식사로 섬겨 준 친구 가족의
사랑에 감동했습니다. 하지만 교파가 다르다는 이유로 같
은 장로교단 소속 교회 예배 출석만 고집하였습니다. 이런
나를 흔쾌히 받아 준 그 교회 목사님의 배려에 고개 숙여
졌습니다. 예수님의 사랑이 이러하였으리라. 그해 지방 명
문대에 우리 학교 학생 중 종탑 골방에서 공부한 우리 둘
만 합격했습니다.

재정적 온갖 난관을 뚫고 꿈에 그리던 대학에 70학번
으로 진학하였습니다. 한두 달 다니다 보니 데모만 일삼는
캠퍼스 상황에 좌절하였습니다. 이른 아침 캠퍼스에 나와
고민하고 있을 때 몸이 불편한 과 친구가 가방 좀 들어달
라는 부탁을 하였습니다. 그렇게 따라간 곳이 한 선교단체

캠퍼스 아침 기도회였습니다.

그 후 성경 공부를 하면 할수록 기쁨과 부담이 교차 되었습니다. 이미 가입해 있던 운동권 서클(동아리)에선 민족주의냐 민주주의냐를 놓고 논쟁 중이었습니다. 성경 공부를 하면 하나님 중심의 역사관과 창조적 소수요 히스토리 메이커를 가르쳤습니다. 새내기로 이런 것들을 소화할수 없어 심한 내적 갈등이 생겼습니다. 총학 회장인 동아리 선배와 일대일 성경 선생인 과 선배와의 쟁탈전 사이에서 오락가락했습니다. 승패는 배곯은 자에게 라면 하나를 끓여 준 것으로 기울어졌고, 한 성경 말씀으로 판가름 났습니다.

"내가 애굽 땅을 칠 때에 그 피가 너희가 사는 집에 있어서 너희를 위하여 표적이 될지라 내가 피를 볼 때에 너희를 넘어가리니 재앙이 너희에게 내려 멸하지 아니하리라" (출 12:13).

지금 내게 필요한 것은 민족주의나 민주주의가 아니다. 나의 구원이 시급하다. 그 피가 구원의 확신 근거요, 나의 유월절임을 영접했습니다. 그 후부터 운동권 동아리를 결단하고 선교단체 리더로, 학생 대표로, 전국 활동에도 참여하였습니다.

학기마다 등록금 문제와 어머니의 고질적 질병 문제에 직면해야 했습니다. 이를 통해 기도와 믿음을 배웠습니다.

늘 살아 계신 하나님, 미리 준비해 주시는 여호와이레 신앙을 체험했습니다. 특히 하늘 아버지의 돌보심을 깊이 영접했습니다.

"오늘 있다가 내일 아궁이에 던져지는 들풀도 하나님이 이렇게 입히시거든 하물며 너희일까보냐 믿음이 작은 자들아" (마 6:30).

육신의 아버지는 사회주의 사상을 위해 가족을 버렸습니다. 무책임했고 빨갱이 자식이란 무거운 짐을 지웠습니다. 하지만 하늘 아버지는 그렇지 않으셨습니다. 구체적으로 돌보셨습니다. 하나님의 돌보심에 대한 믿음이 먹고 사는 문제에 연연하지 않게 했습니다. 이 믿음이 제 장래를 주님께 헌신하도록 결단하는 바탕이 되었습니다. 평생 아버지라 불러보지 못한 자가 이제는 아버지의 삼행시를 곧잘 읊조립니다.

아/ 아 하늘의 아버지.
버/ 버려질 나를. 지/
지금껏 눈동자같이 돌봐 주시다니.
내 영존하신 아버지여.

강고한 연좌제의 장벽

그러던 중 대학 3년 때 한 좀도둑을 잡게 되었습니다. 그의 사연을 듣고 나서 사회의 구조적 악에 눈뜨게 되었습니다. 그때부터 선교단체 지향 목표인 세계 캠퍼스 선교

173

냐 아니면 사회 구조적 악 제거냐를 놓고 기도하기 시작
했습니다.

군 전역 후 아버지의 신원 문제로 해외에 나갈 수 없는
연좌제 장벽을 다시 한번 실감하였습니다. 제 전공이 전자
공학이라 대기업에 취업하여 집안을 일으키길 온 집안이
바랐습니다. 아버지로 인해 풍비박산 난 집안이 제게 거는
기대가 컸습니다. 이를 두고 한참 망설였습니다. 사명인으
로 살고자 했던 서원이 있어서였습니다. 자연스럽게 국내
문제인 사회 구조적 악 철폐 쪽으로 마음이 기울어졌습니
다.

여기엔 두 가지 경험이 크게 작용했습니다. 대학 졸업
반 시절이었습니다. 일대일 성경 선생이요 과 선배가 유신
법 군 통신법에 걸려 마산 교도소에 수감 된 적이 있었습
니다, 이곳에 선교단체 멤버들을 데리고 성탄 위문 공연을
하러 갔었습니다. 졸업 후 군 복무 시절이었습니다. 인혁
당 통혁당 사건에 연루된 운동권 대학 동아리 회장이 사
형당했다는 소식도 들은 터였습니다. 대학 시절 나를 두고
실랑이 벌였던 두 형들. 한 분은 투옥, 한 분은 사형이라
큰 충격이었습니다. 한편으로는 선배들이 못다 이룬 뜻을
조금이라도 보태고자 하는 마음도 있었습니다. 이런저런
이유로 출감자들이 사회에 적응할 수 있는 생활 터전을
마련하는 일에 힘쓰고자 결심했습니다.

저에게 기대를 걸고 있던 선교공동체는 '76년 1차 개혁
운동으로 공동체가 일부 쪼개진 직후였습니다. 제가 소속

된 대구지부는 어수선하고 쓸쓸하였습니다. 조용히 선교단체에서 나와 고향 안동으로 가서 CPA(공인회계사) 준비에 몰두했습니다. 건강이 회복된 어머니는 자식에 대한 기대를 잠시 접고 궂은일을 사리지 않고 뒷바라지해 주셨습니다. 그런데 수도원 독서실에서 공부에 몰두하면 할수록 몸에 이상이 왔습니다. 심장에 이상이 느껴졌습니다. 캠퍼스 대학생 미션에 대한 강박관념이 짓눌렀기 때문이었습니다.

운명의 굴레를 벗다

견디다 못해 제 발로 선교단체 동해안 여름 수양회에 참석했습니다. 수양회에서 하나님의 사랑이 그동안 짓누르던 제 마음을 녹였습니다.

"하나님이 세상을 이처럼 사랑하사 독생자를 주셨으니 이는 그를 믿는 자마다 멸망하지 않고 영생을 얻게 하려 하심이라" (요 3:16).

독생자를 주신 하나님의 사랑이 독자를 향한 어머니의 사랑을, 온 집안의 기대를 덮어버렸습니다. 이어진 탑 리더 기도회 첫날 합심 기도 중 놀라운 일이 일어났습니다.

"오직 성령이 너희에게 임하시면 너희가 권능을 받고 예루살렘과 온 유대와 사마리아와 땅끝까지 이르러 내 증인이 되리라 하시니라" (행 1:8).

함께 기도하던 리더들에게 성령이 임하셨습니다. 성령을 머리로만 알던 제게도 임하셨습니다. 눈물 콧물 흘리며 하나님을 불신한 죄를 깊이 회개했습니다. 그러자 아버지의 연좌제 문제도 출감자를 위한 차선 사명도 어머니에 대한 책임감도 다 극복되었습니다. 그 즉시 청년 대학생들을 위한 사명을 영접하고 그들의 목자로 일생 살고자 결단하였습니다. 제 인생의 큰 방향 전환이 이루어진 밤이었습니다.

대구를 거쳐 부산, 부산에서 서울로 선교단체 인턴 훈련을 거쳤습니다. 드디어 서울에서 전주로 내려갔고, 창 12:2 말씀으로 대구지부에서 전주지부 개척자로 정식 파송 받았습니다(1978.11). 가방 하나 들고 영호남의 벽을 넘어 청년 대학생들의 전임 사역자로 출발했습니다. 때마침 이웃 도시 광주에 큰 사건이 터졌습니다. 순교 정신으로 1980년 5월 광주 민주화 현장에도 가 보았습니다. 그 다음 해 노총각인 제가 유학생 선교를 준비하던 믿음의 동역자인 아내를 얻게 되었습니다(1981.2). 기도해 왔던 배우자상이었습니다. 주례사는 Follow me(마 9:9). 우리 결혼식장에 온 한 고등학교 때 친구가 김수영 시인의 '폭포' 시를 선물했습니다. 우리 부부가 민족의 새역사에 귀하게 쓰임 받을 것이라는 격려글도 덧붙였습니다. 역사의식이 강한 그가 영호남의 벽을 허문 대학생 운동에 감동해서이리라 짐작됩니다.

캠퍼스 사역에 한창 재미를 붙이고 있던 '86년 여름, 선교단체 국제 수양회로 미국에 초청을 받았습니다. 제게는 미국 비자 문제보다 국내 여권 발급이 더 큰 장벽이었습니다. 연좌제로 인한 신원 문제 때문이었습니다. 백방으로 알아보고 동분서주하였지만 난공불락이었습니다. 어려울수록 선교를 위한 기도를 외면치 않으시는 주님을 믿고 간절히 기도했습니다. 우리도 함께 가는 것이라며 지부 제자들도 더욱 간절히 합심 기도했습니다.

"오직 성령이 너희에게 임하시면 너희가 권능을 받고 예루살렘과 온 유대와 사마리아와 땅끝까지 이르러 내 증인이 되리라 하시니라" (행 1:8).

바로 그때였습니다. 몇 년 만에 처음으로 서구권 동구권이 함께 하는 '88 올림픽, 그 준비로 연좌제가 폐지되었다는 뉴스가 신문 1면 톱 기사로 나왔습니다. 제가 그 첫 수혜자가 되었습니다. 일생 제 마음을 짓누르던 아버지로 인한 연좌제. 그 운명의 동아줄이 썩은 새끼줄처럼 스르르 풀림을 체험했습니다. 세계를 움직이시는 하나님의 크신 손길, 가이사 아구스도의 호적령을 쓰셔서 베들레헴 예언을 성취하신 하나님, 그 역사의 손길이 이렇게 제게도 나타나다니(눅 2:1~7). 뛸 듯이 기뻤습니다, 역사가인 저자 누가의 감격도 이러하지 않았을까요. 광화문 외무부에서 여권을 발급받은 그 감격. 아~! 당당한 대한민국 국민이구나. 즉시 비자 인터뷰를 위해 건너편 미 대사관으로 뛰어가는 제 모습이 지금도 선합니다. 하박국 선지의 노래가 콧노래로 나왔습니다.

"나는 여호와로 말미암아 즐거워하며 나의 구원의 하나님으로 말미암아 기뻐하리로다" (합 3:18).

아 자유다 자유~
지긋지긋하게 옥죄던 연좌제
그 굴레로부터 해방되었다~
이젠 당당한 대한민국 국민
자유대한민국 여권을 받았다
세계 어디든 갈 수 있는~
나 자유 얻었네~!
나 자유 얻었어~!

긍휼의 사랑에 눈뜨다

그 후부터 선교단체 국제 수양회가 열리는 이 대륙 저
대륙으로 선교여행을 자유롭게 다녔습니다. 사십 대 초반
국제 수양회를 다녀온 직후였습니다(1992.여름). 시차 적
응할 여유 없이 여름 수양회 주제 강사를 돕는 등 책임
간사로서 전반적인 것을 돌봐야 했습니다(1992.8). 수양회
를 마치고 돌아오던 중 졸음운전으로 큰 교통사고가 났습
니다. 차는 박살 났고 눈과 머리 심지어 뇌까지 심하게
다쳤습니다.

병원에 온 아내의 첫 마디였습니다. "당신이 병신 되어
도 저는 당신을 사랑해요." 이 한마디가 진정한 사랑에
눈뜨게 했습니다. 제 마음을 녹였습니다. 아무짝에 쓸모없
어도 이렇게 사랑받을 수가 있구나. 불쌍하기에 사랑받는
긍휼의 사랑. 그 긍휼의 사랑이 주님을 통해, 아내를 통해
밀려왔습니다. 그 사랑이 상처 난 눈과 두뇌 뇌간과 제

178

맘을 치유했습니다. 오히려 다른 쪽 뇌를 활성화하여 예술 분야에도 눈뜨게 하셨습니다. 영적인 죄악에도 눈 떠서 제자 훈련이란 구실로 직설적으로 말하여 상처를 주었던 걸 회개했습니다. 사랑이란 명목으로 인격을 짓밟고 귀한 생명을 함부로 했던 걸 회개했습니다. 이렇게 거칠고 못난 자를 향한 끝없는 긍휼, 헤세드의 사랑이 저를 일으켜 세웠습니다. 놀랍게 건강이 회복되었습니다. 그 후 해마다 선교지를 돌아보며 제자 선교사님들과 교제했습니다. 미국, 러시아는 경한 일이요 땅끝 오지 선교 중동 선교사님들까지 뒷바라지할 수 있었습니다.

"오직 성령이 너희에게 임하시면~ 땅끝까지 내 증인이 되리라" (행 1:8).

그 긍휼의 사랑
얼마나 크고 놀라운지요.
나 같은 죄인 살리신 주님의 크신 은혜
연좌제마저도 썩은 새끼줄처럼 벗겨버리시고
여권엔 세계 각 대륙과 각 국가 선교지 심방으로
찍힌 도장이 가득가득하고
중동 오지 선교를 섬김으로 맘껏 성지 순례하게
하다니
어디 그뿐이랴
오늘의 땅끝
엄중한 남북 장벽
잠깐의 해빙기를 맞아

179

북녘땅 곳곳까지도
평양 아버지의 흔적도
직접 가서 보고
그곳에 남겨진 동생들 조카들
소식까지도 듣게 되다니
꿈만 같은 일이
내 당대에 현실로
아버지와 형들을 만난
요셉의 감격이 이러하지 않았을까
운명을 섭리로
요셉처럼 큰 구원에
민족과 세계 복음화의 제사장이요 목자로
저 같은 자도 쓰시고자 하시다니
오 놀라우신 긍휼!
용서와 위로로
치유와 회복으로
십자가의 체휼로
크신 긍휼의 사랑으로
저를 감싸고 덮으셨네.

22信 5

사귐

communion

2단계 : 그 아름다운 우정(2004)

하나님의 사랑은 제게 '궁휼'에 이어 '사귐'의 사랑으로 나타났습니다.

"우리가 보고 들은 바를 너희에게도 전함은 너희로 우리와 사귐이 있게 하려 함이니 우리의 사귐은 아버지와 그의 아들 예수 그리스도와 더불어 누림이라" (요일 1:3).

성령님은 갈보리 십자가 화목제물을 통해 하늘 문을 여셨습니다. 이로써 하늘 문을 여는 기도로 나아가게 하셨습니다. 십자가 그 피를 의지해 위에 계신 주님을 보며 더 깊고 높은 영적 사귐을 하게 하셨습니다(참조.11~2信).

181

이어 마음의 속죄소로 인도하셨습니다. 더 깊은 내적 사귐을 맛보게 하셨습니다(참조.12信).

"그러므로 형제들아 우리가 예수의 피를 힘입어 성소에 들어갈 담력을 얻었나니 그 길은 우리를 위하여 휘장 가운데로 열어 놓으신 새로운 살 길이요 휘장은 곧 그의 육체니라" (히 10:19, 20).

이런 정화 기도, 성화 기도를 통해 주님과의 사귐의 길이 트이게 하셨고, 친숙하게 하셨습니다. 심지어 항암 투병 중에는 더 밀착된 사귐으로 침묵 기도로까지 나아가게 하셨습니다(참조. 14신).

"사람이 친구를 위하여 자기 목숨을 버리면 이보다 더 큰 사랑이 없나니 너희는 내가 명하는 대로 행하면 곧 나의 친구라" (요 15:13, 14).

자녀에서 친구로까지 격상시켜 주셨고, 자녀답게 살도록 경건한 세계를 맛보게 하셨습니다. 사귐 기도할 때마다 성령님을 통해 저를 향한 주님의 존중, 경청, 배려를 맛보고 있습니다. 사귐 기도할 때면 그 기도가 어찌 그리 단지요.

위에 계신 나의 친구 그의 사랑 지극하다
이는 예수 그리스도 나의 구주 나의 친구
사랑하는 나의 친구 늘 가까이 계시도다
그의 사랑 놀랍도다 변함없는 나의 친구
(찬송가 92장).

182

주님과 사귐이 시작되자 동료들과 형제 우애로 나타났습니다. 형제 우애가 사역보다 더 큰 덕목으로 윗자리를 차지했습니다. 나이 쉰은 지천명이라. 쉰을 넘기고부터는 현장 사역 동기들과 아무리 바빠도 우정 나눔에 힘썼습니다. 개혁과 계승과 개척, 이런 급박한 시기였지만 우정 공동체를 바라보며 시로 노래하였습니다.

훌러 훌러

가파른 계곡 만나면
숨 가쁘게 달리고
아스라한 절벽 만나면
용사처럼 뛰어내리며 외치리라
곧은 폭포 제 소리낸다

깊은 웅덩이에선
거친 숨 고르고
모여드는 또래와
쉼의 장단에 노래 부르며
손에 손잡고 화답하며
한바탕 춤을 추리라
강강 강강
수월래 수월래

(2010. 일계 변형용)

우정의 이끼

친구야
징그러운 친구야
어느새 우리 사이 이끼 끼었네
서로 마주 보며
서로에게 머물며
서로를 존중하며
농익어가는 우정의 이끼

도토리 키재기하다가
서로 툭 터놓고
부딪히며 뒹굴다 보니
세월에 떠밀려 떠밀려
여기까지 와 버렸네
거친 바위 부서져
돌맹이로 자갈로 모래로 해안으로
온갖 생명 품고 있는 바닷가 갯벌로

친히 목숨 버리신 그분의 우정 덕에
우리 우정 시작되었고
이보다 더 큰 사랑 없다신
그 향기가 우정의 이끼로 쌓여
믿음에 덕을
경건에 형제 우애를
형제 우애에 사랑 더하라는

184

그 사랑길 따라 여기까지 왔다네

친구야
내 소중한 보물아
거기 자네 있기에
여기 내가 있지 아니한가

(2015.10.4. 일계 변형용)

담쟁이 우정

새 선교공동체 친구뿐 아니라 이전 선교공동체 친구들과도 지금껏 우정을 이어오고 있습니다. 우정은 어떤 경계선도 넘나들게 합니다. 누구의 시처럼 손에 손잡고 장벽도 넘습니다(도종환 시, 담쟁이). 한 친구가 본국에 오면 만사를 제쳐놓고 달려와 섬기며 서로 경청합니다. 부부 함께 암으로 투병할 때도 때마다 안부 묻습니다. 기도하며 물심양면으로 도와주었습니다. 형제 우애에 사랑을 더해갑니다.

"서로 사랑하라" (요 13:34).
"경건에 형제 우애를, 형제 우애에 사랑을 더하라" (벧후 1:7).

이 말씀이 서로의 상황과 성격을 극복하게 했습니다. 단체의 장벽을 허물게 하는 큰 힘이 됩니다. 선후배의 벽도 무너뜨려 갔습니다. 오랫동안 동기들과 우정을 나누다

185

보니 문제점도 많이 드러났습니다. 서로 간에 호흡이 잘 맞는 친구도 있고, 버거운 동기도 있습니다. 성품은 변해도 성격은 변치 않는다는 말 실감했습니다. 그 차이가 무엇일까 곱씹어 보았습니다.

한 가지 깨달은 것. 경건을 바탕으로 영성을 추구하는가, 사역에 머물러 있는가로 판가름 되었습니다. 자기 독트린이 있거나 서열 의식이 있는 자는 진정한 우정을 지속할 수 없었습니다. 경건에 영성을 추구하는 동기는 우정의 사귐이 더 밀착되고 농익어갑니다. 서로들 사역 일선에서 물러나니 우정에서 사랑으로 그 깊이와 높이를 더해갑니다. 자기 벽을 허물고 점점 위로 향하는 것이 진정한 성경적 우애입니다.

제자들도 영적 친구로

이제 눈을 돌려 제자들과의 관계도 돌아봅니다.

예수님의 성숙한 제자 양성을 보니 제자 양성의 궁극은 친구로 삼는 것임을 알았습니다(요 15:15). 그래서 제자 한 사람 한 사람과 벽을 허물고 영성적 관계를 맺고자 했습니다. 제자 양성의 목표를 우애를 더해 서로 사랑하는 것에 두었습니다. 나이를 먹어갈수록 영적 친구로 사귀고자 했습니다. 목양 관계에서 우정 관계로, 서로 존중하는 수평관계로 만들고자 힘썼습니다. 아서라. 이런 건 마음뿐이었습니다. 실상은 참으로 힘들었습니다. 상대와 내적뿐만 아니라 영적으로도 코드가 맞아야 하기 때문입니다. 세월이 흘러 제자들도 환갑을 지나니 서서히 서로의 관계가

186

성숙하게 변하고 있습니다. 경건한 영성을 추구하는 제자들과는 아름다운 우애를 더해가고 있습니다.

하지만 목회와 사역에 머문 제자들은 아직도 만만하지 않습니다. 특히 사역으로 걸쳐 있는 후임자들과는 이런 사귐이 쉽지 않습니다. 서로 사이에 오해가 있어서입니다. 후임자들은 선임자가 고슴도치 사랑 마냥 가까이하는 걸 꺼립니다. 아바타로 비칠까 염려되고, 간섭받지 않을까 부담스럽기도 합니다. 선임자에겐 이런 후임자의 반응들이 섭섭하곤 합니다. 곧잘 오해하고 때론 괘씸하기도 합니다. 개와 고양이처럼 사랑의 시그널이 달라서입니다. 선, 후임자와의 관계는 고부간처럼 정말 어렵습니다. 말도 많고 탈도 많습니다. 바람처럼 흔적도 없이 사라져야 좋은 선임자인가 봅니다. 이런 건 방목이 아닌지 의아하기도 합니다. 역사 계승은 어떻게 될까 걱정도 됩니다. 너무 답답하고 속이 타서 주저앉아 기도할 때가 있습니다. 그때마다 저 속에서 깊은 음성이 들려오곤 합니다.

"냅 둬"
"기다려"
"필요하면 찾게 돼"

이로 보건대 사귐의 사랑은 성령님의 도움이 절실히 필요합니다. 성령님을 힘입을 때 목회와 사역을 뛰어넘는 우정을 나눌 수 있습니다. 사역보다 사람이 귀하게 보입니다. 서로의 경륜과 장점이 보입니다. 인격적으로 영적으로 존중하는 마음이 생깁니다. 그럴 때 서로들 사이에 경청과 배려가 뒤따라옴을 깨닫습니다.

주여!
서로 사랑하라는 주님의 새 계명 앞에 서니 한숨이
나옵니다.
오호라 절망할 수밖에 없습니다.
제게 형제 속에 계시는 주님의 흔적, 성령님의
손길을 보는 영안을 주소서.
그를 존중하고 그의 속 깊은 고통을 들을 수 있는
영적 귀를 열어주소서.
무엇보다 포기하지 않고 기다리는 인내를
허락하소서.
냅 둬
기다려
사랑은 오래 참는 것이야.

22信 6

'영광의 사랑'을 향하여

3단계 : 영광의 사랑

하나님의 사랑은 긍휼에 이어 사귐으로, 사귐에 이어 '영광의 사랑'으로 흐릅니다. 저 높은 곳을 향합니다.

"형제들아… 푯대를 향하여 그리스도 예수 안에서 하나님이 위에서 부르신 부름의 상을 위하여 달려가노라" (빌 3:13, 14).

남길 것이 무엇이지 (2022~)

나이 들어가니 제자들에게 남길 것이 무엇일까, 칠순 넘기니 자녀에게 물려 줄 유업은 무엇일까, 이런 생각으로 모이더군요. 부부 동시 항암 투병 치료 중 죽음이 코앞에 닥쳤습니다. 코로나 기간이라 둘 중 이 해에 무슨 일이 일어날지 몰랐습니다. 그래서 미국에 있는 자녀 손주들까지 불러들였습니다. 한국에 있는 아이들과 온 가족 삼대가 함께 가족 캠프를 가졌습니다. 그 하이라이트는 신앙 유업이었고, 각서까지 썼습니다(2022.1).

첫째, 부모님의 신앙 유업인 일대일 성경 공부, 캠퍼스 선교사역, 교회 목회를 이어간다.

둘째, 부모님의 재산은 상속받지 않고 부모님이 원하는 곳에 사용한다.

셋째, 부모님의 유지(遺志)대로 시신은 화장하여 캠퍼스 한 곳에 뿌려 추모한다.

이제 부부 둘 다 죽음의 한고비 넘겼습니다. 이는 기적이요 하나님의 놀라운 은혜입니다. 조용히 제 입장을 내려놓고 유업을 받는 자 편에서 생각해 봅니다. 아무리 좋은 것을 물려준다 해도 그걸 받는 자들에게는 중고품에 불과할 수도 있습니다. 후임자 제자들을 겪어보니 그들에게는 신앙 유업 계승보다는 사역 성장 발전이 더 급해 보였습니다. 저마다 첫 조상 아브라함이나 번창하는 야곱이 되고자 하는 것 같았습니다. 계승자 이삭은 뒷전으로 밀려났습니다.

이런 갈등이 전임자 후임자 사이에 빈번함을 보았습니다. 믿음의 역사가 쉽게 단절되는 것을 전임자는 안타까워합니다. 차라리 신앙 유업이나 사역을 제자들보다는 신앙적인 자녀들에게 하는 것이 더 효과적이지 않을까, 이런 생각도 듭니다. 이런 걸 세습이라고 비판도 받습니다. 하

지만 아브라함, 이삭, 야곱, 요셉으로 이어진 구약의 믿음
의 계보를 봅니다. 이런 방법이 성경적인 것 같기도 합니
다.

신 6:2를 봐도 그렇습니다.

"곧 너와 네 아들과 네 손자들이 평생에 네 하나님
여호와를 경외하며 내가 너희에게 명한 그 모든 규례와
명령을 지키게 하기 위한 것이며 또 네 날을 장구하게
하기 위한 것이라."

하나님께서 삼대 신앙 계승을 하는 가계를 구속 역사의
큰 물줄기로 축복하신다고 약속하십니다.

그런데 신약에서 보면 그런 것만도 아닙니다. 예수님과
열두 사도, 바울과 그의 권면을 볼 때 제자로 믿음의 역
사가 계승됩니다(딤후 2:1, 2). 예수님은 신앙고백과 영적
가족관에 기초해서 역사를 계승했습니다(막 3:35).

하지만 제자 양성도 복음서의 십자가에만 머물 땐 한계
가 있습니다. 제자들 대부분 십자가 앞에서 다 흩어졌거든
요. 부활하신 예수님께서 사십일을 계시면서 십자가와 부
활의 복음을 심으셨습니다. 그것으로도 부족하여 마지막으
로 성령 세례를 받으라고 하셨습니다(행 1:3~5). 사도들
이 성령 세례를 받고서야 비로소 초대교회가 세워졌습니
다.

그래서 복음서에서만 머물지 않고 사도행전 2장까지 확
장해서 보게 되었습니다. '증인'은 성령 제자 양육의 열매

191

입니다. 그리스도의 증인으로 세워질 때 신앙 유업과 복음 역사가 제대로 계승되는 것을 봅니다. 이로 보건대 자녀인가 제자인가 그것이 중요하지 않습니다. 누구든 미션에서 그 신앙이 영성으로까지 나아가는 것이 진정 중요합니다. 누구든 성령을 힘입어 그리스도의 증인으로 거듭나야 합니다. 복음 신앙(십자가, 부활)의 터 위에 성령에 휘감기는 그리스도의 증인들이 하나님 나라 선교 운동의 진정한 계승자들입니다.

"오직 성령이 너희에게 임하시면 너희가 권능을 받고 예루살렘과 온 유대와 사마리아와 땅끝까지 이르러 내 증인이 되리라 하시니라" (행 1:8).

저 높은 곳을 향하여

지금껏 평생 제자 양성하면서 이런저런 모습들을 겪고 나니 최근에 신앙 유업에 대한 제 생각이 많이 바뀌게 되었습니다. 무엇을 남기려 하기보다 주님이 가장 기뻐하실 것 무엇일까. 죽음의 경계선에서 나온 자로서, 이제 주님 만날 날 얼마 남았다고, 주님께 드릴 영적 예물이 무엇일까, 이런 생각도 해봅니다. 예수님은 조직을 만들지 않으셨습니다. 제자 양성은 견고한 조직을 위한 것이 아니었습니다. 예수님이 누구신가 고백하고 작은 예수를 세우기 위한 것이었음을 이제야 알게 되었습니다. 예루살렘 교회에 세례받는 자가 하루에 수천 명씩 모였습니다. 오순절 성령의 역사로 교회가 처음 세워진 놀라운 역사였습니다. 하지만 성령께서는 이런 예루살렘 교회 공동체를 다 흩으셨습

192

니다. 흩어진 성도들을 통해 곳곳마다 작은 교회 공동체, 가정교회들을 세우셨습니다. 성령님은 조직이나 제도보다 오직 그리스도의 증인들을 세워가는 것에 주안점 두셨음을 뒤늦게 깨닫습니다.

생각이 여기에까지 미치자, 위엣 것 더욱 간절하게 사모하게 됩니다. 주님께 바칠 예물을 생각하니 자신이 너무 초라하고 가난합니다. 하지만 숫자나 조직, 남길 흔적에서 자유롭게 되니 영혼의 자유함과 영적 평안이 피어납니다.

"심령이 가난한 자는 복이 있나니 천국이 그들의 것임이요" (마 5:3).

심령이 가난한 자가 천국에선 진정 거부입니다. 사도 바울처럼 하늘 부름의 상을 바라며 남은 삶 살렵니다. 함께하는 사랑, 동행하며 사귀는 사랑, 사랑의 극치인 '영광의 사랑'을 향해 가렵니다. 남은 삶 영성 순례자로, 사랑의 필그림을 향해 날마다 한 걸음 한 걸음 살고자 합니다. 주 안에서는 어제도 없고 내일도 없습니다. 오직 오늘만 있습니다. 영생은 오늘을 주 안에서 주님과 동행하는 삶입니다.

부부 산티아고 순례 후 항암 순례를 거치면서 이런 생각을 하게 되었습니다. '어떠한 죽음으로 하나님께 영광 돌릴 것인가.'

"이 말씀을 하심은 베드로가 어떠한 죽음으로 하나님께 영광을 돌릴 것을 가리키심이러라 이 말씀을 하시

193

고 베드로에게 이르시되 나를 따르라 하시니" (요
21:19).

마지막은 끝이 아닙니다. 마지막은 인생의 결정체입니
다. 주 안에서 죽음은 더더욱 그렇습니다. 예수님은 제자
들에게 영광스러운 죽음에 대해 말씀하셨습니다. 이 말씀
은 친히 십자가에서 영광스러운 죽음을 맞으신 후 부활하
셔서 하신 것입니다. 죽음에까지 Follow me 하셨습니다.
어떤 제자는 순교로, 어떤 제자는 고난받으며 사랑의 사도
로 주님을 따랐습니다.

어떤 이는 청력을 완전히 잃고 죽음을 앞두고서야 위대
한 교향곡을 만들었습니다. 일생 꿈꿨던 베토벤 9번 교향
곡, 그중에 4악장 환희의 예배 찬양곡! 어떤 이는 깊은
절망에 빠졌다가 하늘이 열린 걸 체험하고 단숨에 대 메
시아 곡을 지었다지요. 승리의 십자가를 노래한 '할렐루
야!' 부활의 새 노래인 천상 예배곡 '보좌의 어린 양의
피!' 어찌 인간이 이런 곡, 이런 찬양곡을 지을 수 있으리
요. 죽음으로 영광을 올려드린 자들의 신앙고백, 하늘의
새 노래이어라.

이제 무엇을 남겨주려는 생각을 내려놓습니다. 저 높은
곳을 바라보며 주님께 드릴 예물을 준비하렵니다. 하늘의
새 노래를 부르며 거룩한 환희의 예배를 사모합니다. 주님
이 부탁하신 청년 대학생 한 영혼, 작은 선교공동체, 작디
작은 교회를 마다하지 않고 섬기렵니다. 사도신경 고백처

194

럼 여기와 잇대어 있는 하늘 예배, 하늘의 부름의 상을
바라보며 뚜벅뚜벅 나아가렵니다.

Follow me!

주여!
삼위 하나님 영광의 사랑, 그 세계
저 높은 그곳을 바라봅니다.
이 생명 다하기까지 거룩한 순례자로
영광스러운 사랑의 필그림 순례자로 살게 하소서.
영광스러운 삼위 하나님 사랑의 세계에 영원히 살고
싶습니다.

"이는 보좌 가운데에 계신 어린 양이 그들의 목자가
되사 생명수 샘으로 인도하시고 하나님께서 그들의
눈에서 모든 눈물을 씻어 주실 것임이라" (계 7:17).

저희를 향한 주님의 중보기도가 제 마음을 울립니다.

"아버지여 내게 주신 자도 나 있는 곳에 나와 함께
있어 아버지께서 창세 전부터 나를 사랑하시므로 내게
주신 나의 영광을 그들로 보게 하시기를
원하옵나이다" (요 17:24).

마라나타!
아멘 주 예수여 속히 오소서.

거룩한 순례자로
영광의 문에서 기다리시는
내 주님 맞이하게 하소서.

예수님 이름으로
아멘.

기도 실습편

영혼의 오솔길

영솔 1

가사 음미하기

0. 주기도 역순

      : 주권 선포

         간구 기도

         영광 기도

0. 자비하신 예수여

마음 심히 어두니

밝게 하여 주소서

죄를 지은 까닭에

기도 실습편

나의 맘이 곤하니
용서하여 주시고
쉬게 하여 주소서
나의 공로 없으니
예수 공로 힘 입어
천국 가게 하소서

1. 겟세마네 동산에서

겟세마네 동산에서 기도하실 때
주님의 땀방울은 피로 변했네
하나님을 거역한 나를 위하여
순종의 속죄 피를 흘려 주셨네

빌라도의 뜰에 서서 가시관 쓸 때
주님의 온 얼굴은 피로 젖었네
온 인류의 저주를 속하시려고
저주의 가시채로 관을 쓰셨네

골고다의 십자가에 달리신 주님
손과 발 옆구리에 입은 상처로
온몸의 물과 피를 다 흘리셔서
멸망의 죽음에서 날 건지셨네.
아~ 아~ 아~ 아 주의 사랑 깊고 크셔라
내 영혼에 파도처럼 메아리쳐 온다

기도 실습편

2. 웬말인가 / 찬송가 143장

웬 말인가 날 위하여
주 돌아 가셨나
이 벌레 같은 날 위해
큰 해 받으셨나

내 지은 죄 다 지시고
못 박히셨으니 웬 일인가
웬 은혠가 그 사랑 크셔라

주 십자가 못 박힐 때
그 해도 빛 잃고 그 밝은 빛
가리워서 캄캄케 되었네

나 십자가 대할때에
그 일이 고마와 내 얼굴
감히 못들고 눈물 흘리도다

늘 울어도 눈물로써
못 갚을줄 알아 몸밖에
드릴 것 없어 이 몸 바칩니다 아멘

3. 너의 하나님 여호와가(스바냐 3:17)

너의 하나님 여호와가

199

너의 가운데 계시니
그는 구원을 베푸실 전능자시라
전능자시라
너의 하나님 여호와가
너의 가운데 계시니
그는 구원을 베푸실 전능자시라
전능자시라

그가 너로 인하여 기뻐하시며
기쁨을 못 이겨 노래하시리
그가 너를 잠잠히 사랑하시리
너를 평안케 하리

너의 하나님 여호와가
너의 가운데 계시니
그는 구원을 베푸실 전능자시라
전능자시라

4. 나의 영혼이(시 62편)

나의 영혼이 잠잠히
하나님만 바람이여
나의 구원이
그에게서 나는도다
나의 영혼아 잠잠히
하나님만 바라라

오직 주님만이
나의 구원 나의 반석
나의 산성이시라

5. 베토벤 9번 교향곡 3악장

들으며 영혼의 자유로움을 만끽한다.

영혼 2
가사 음미하며 기도하기

0. 나 주님의 기쁨되기 원하네

나 주님의 기쁨 되기 원하네 내 마음을 새롭게 하소서
새 부대가 되게 하여 주사 주님의 빛 비추게 하소서
내가 원하는 한 가지 주님의 기쁨이 되는 것
내가 원하는 한 가지 주님의 기쁨이 되는 것

겸손히 내 마음을 드립니다 나의 모든 것 받으소서
나의 맘 깨끗케 씻어 주사 주의 길로 행하게 하소서
내가 원하는 한 가지 주님의 기쁨이 되는 것
내가 원하는 한 가지 주님의 기쁨이 되는 것

기도 실습편

1. 지극히 높으신 주님의 나 지성소로 들어갑니다.

지극히 높은 주님의 나 지성소로 들어갑니다
세상의 신을 벗고서 주 보좌 앞에 엎드리리
내 주를 향한 사랑과 그 신뢰가 사그러져 갈 때
하늘로부터 이곳에 장막이 덮이네

이곳을 덮으소서 이곳을 비추소서
내 안에 무너졌던 모든 소망 다 회복하리니
이곳을 지나소서 이곳을 만지소서
내 안에 죽어가는 모든 예배 다 살아나리라

2. 주님과 같이

주님과 같이
내 마음 만지는 분은 없네
오랜 세월 찾아 난 알았네
내겐 주밖에 없네

주 자비 강같이 흐르고
주손길 치료하네
고통받는 자녀 부르시니
주밖에 없네

주님과 같이
내 마음 만지는 분은 없네

202

오랜 세월 찾아 난 알았네
내겐 주밖에 없네

3. 나 행한 것

나 행한 것 죄뿐이니 주 예수께 비옵기는
나의 몸과 나의 맘을 깨끗하게 하소서

내 어둔 눈 밝히시니 참 기쁘고 고마우나
그보다 더 원하오니 정결한 맘 주옵소서
정결한 맘 그 소에서 신령한 빛 비치오니
이러한 맘 나 얻으면 눈까지도 밝으리라

못된 행실 다 고치고 악한 생각 다 버려도
주 앞에서 정결 타고 자랑치는 못하리라
(후렴) 물가지고 날 씻든지 불가지고 태우든지
내 안과 밖 다 닦으사 내 모든 죄 멸하소서

4. 내가 주인 삼은

내가 주인 삼은 모든것 내려놓고
내 주되신 주 앞에 나가
내가 사랑했던
모든것 내려놓고
주님만 사랑해
주사랑 거친 풍랑에도

깊은 바다처럼
나를 잠잠케해
주사랑 내 영혼에 반석
그사랑 위에 서리

5. 만세 반석 열리니(찬송가 494장 1절)

만세 반석 열리니
내가 들어갑니다
창에 허리 상하여 물과 피를 흘린 곳
내게 효험되어서
정결하게 하소서

6~1 힘들고 지쳐

힘들고 지쳐 낙망하고 넘어져 일어날 힘 전혀 없을 때에
조용히 다가와 손잡아 주시며 나에게 말씀 하시네

나에게 실망하며 내 자신 연약해 고통 속에 눈물 흘릴 때에
못자국난 그 손길 눈물 닦아 주시며 나에게 말씀 하시네

너는 내 아들이라 오늘날 내가 너를 낳았도다
너는 내 아들이라 나의 사랑하는 내 아들이라

힘들고 지쳐 낙망하고 넘어져 일어날 힘 전혀 없을 때에
조용히 다가와 손잡아 주시며 나에게 말씀 하시네

기도 실습편

나에게 실망하며 내 자신 연약해 고통 속에 눈물 흘릴 때에
못자국난 그 손길 눈물 닦아 주시며 나에게 말씀 하시네
너는 내 아들이라 오늘날 내가 너를 낳았도다
너는 내 아들이라 나의 사랑하는 내 아들이라

언제나 변함없이 너는 내 아들이라
나의 십자가 고통 해산의 그 고통으로 내가 너를 낳았으니

너는 내 아들이라 나의 사랑하는 내 아들이라
너는 내 아들이라 오늘날 내가 너를 낳았으니
너는 내 아들이라 나의 사랑하는 내 아들이라
나의 사랑하는 내 아들이라

6~2. 천국 무도회

주의 말씀 더 안으로
더 안으로 더 안으로
천국문은 열려있네
볼 수 있네 걸을 수 있네

주의 말씀 더 안으로
더 안으로 더 안으로
천국 문에 들어서면
모든 사람 춤을 춘다네
주의 말씀 이끌려
천국의 삶을 꿈꾼다

성령님은 귓가에
너는 천국에 살자란다
주의 말씀 이끌려
천국의 삶
들여다본다
성령님은 오늘도
천국을 내게 보여주신다
주의 말씀 더 안으로
더 안으로 더 안으로
천국문은 열려있네

7~1 보혈을 지나

보혈을 지나 하나님 품으로
보혈을 지나 아버지 품으로
보혈을 지나 하나님 품으로
한걸음씩 나가네

존귀한 주 보혈이
내 영을 새롭게 하시네
존귀한 주 보혈이 내 영을 새롭게 하네

7~2. 모든 영광 하나님께

모든 영광을 하나님께
모든 영광을 하나님께

온 맘과 뜻 다해 주 사모합니다
모든 영광을 하나님께

예수님 찬양받으소서
예수님 찬양받으소서
죄 사했네 우리 위해 성령 주셨네
예수님 찬양받으소서
위로의 성령님이시여
위로의 성령님이시여
우리 안에 계셔서 인도하시네
위로의 성령님이시여

8~1. 내 영혼의 그윽히 깊은 데서

내 영혼의 그윽히 깊은데서 맑은 가락이 울려나네
하늘 곡조가 언제나 흘러나와 내영혼을 고이 싸네
평화 평화로다 하늘 위에서 내려오네
그 사랑의 물결이 영원토록 내 영혼을 덮으소서

내 맘속에 솟아난 이 평화는 깊이 묻히인 보배로다
나의 보화를 캐내어 가져갈자 그 누구랴 안심일세
평화 평화로다 하늘 위에서 내려오네
그 사랑의 물결이 영원토록 내 영혼을 덮으소서.

내 영혼에 평화가 넘쳐남은 주의 축복을 받음이라
내가 주야로 주님과 함께 있어 내 영혼이 편히쉬네

평화 평화로다 하늘 위에서 내려오네
그 사랑의 물결이 영원토록 내 영혼을 덮으소서.

이 땅위의 험한길 가는 동안 참된 평화가 어디있나
우리 모두다 예수를 친구삼아 참평화를 누리겠네
평화 평화로다 하늘 위에서 내려오네
그 사랑의 물결이 영원토록 내 영혼을 덮으소서

8~2. 평화의 기도

주여!
나를 평화의 도구로
써 주소서
위로받기 보다는
위로하고
이해받기 보다는
이해하고
사랑받기 보다는
사랑하게 하소서

영송 3

가사 음미하며 기도하기

기도 실습편

0. 나 같은 죄인 살리신(찬송가 305장 1절)

나 같은 죄인 살리신
주 은혜 놀라워
잃었던 생명 찾았고
광명을 얻었네

1. 거룩한 성

그 꿈이 다시 변하여
이 세상 다 가고
그 땅을 내가 보니
그 유리 바다와
그 후에 환한 영광이
다 창에 비치니
그 성에 들어가는 자
참 영광이로다

밤이나 낮이 없으니
그 영광뿐이라
그 영광 예루살렘 성 영원한 곳이라
이 영광 예루살렘 성
참 빛난 곳일세

예루살렘 예루살렘 그 거룩한 성아
호산나 호산나

호산나 노래 부르자 호산나 노래하자
호산나 호산나

2~1. 주가 맡긴 모든 역사(찬송가 240장)

주가 맡긴 모든 역사
힘을 다해 마치고
밝고 밝은 그 아침을 맞을 때
나의 주를 나의 주를
내가 그의 곁에 서서 뵈오며
나의 주를 나의 주를
손의 못자국을 보아알겠네

영화로운 시온 성에 들어가서
다닐 때 흰 옷 입고 황금 길을 다니며
금 거문고 맞추어서
새 노래를 부를 때
세상 고생 모두 잊어버리리

2~2. 천국 만찬(밀양 아리랑 개사)

와 이리 좋은고
와 이리 좋은고
와 이리 좋은고
동지섣달 꽃본듯이
와 이리 좋은고

기도 실습편

주님 보소
주님 보소
주님 보이소
동지섣달 꽃본듯이
주님 보소

아리 아리랑
쓰리 쓰리랑
아라리가 났네
아리랑 예배 길로
나 넘어가네

3. 어린 양 혼인 잔치 상상(베토벤 9번 4악장 들으며)

4. 천국 예배(헨델의 메시아 중에서)

할렐루야 할렐루야
전능의 주가 다스리신다.
할렐루야 할렐루야

이 세상 나라들
영원히 주 그리스도 다스리는 나라가 되고
또 주가 길이 다스리시리

영원히 영원히
영원히 영원히

211

5. 새노래(헨델의 메시아 중 죽임당하신 어린양)

죽임을 당하신
어린양은

권능과 부귀와 지혜와 힘과 영예와 영광과 찬양을 받으실
자격이 있으십니다

보좌에 앉으신 분과
어린양께서
찬양과 영예와 영광과 권능을 영원무궁토록
받으소서

영원히 영원히 -
아멘 아멘
(계 5:12-14)

6. 마무리 기도(주기도 송 반주를 들으며 하늘
보좌로부터 재파송 받는 걸 상상하며 기도한다.)

하늘나라가 이 땅에,
아버지의 뜻이 여기에,
저를 거룩한 사랑의 순례자로
사용하소서

참고한 책